ऑल इज
Well

ऑल इज Well

डॉ. स्नेह देसाई

प्र

प्रभात
प्रकाशन

प्रकाशक • **प्रभात प्रकाशन प्रा. लि.**
4/19 आसफ अली रोड,
नई दिल्ली–110002

संस्करण • 2026
अनुवाद • श्वेता भट्ट
मूल्य • चार सौ रुपए
मुद्रक • नरुला प्रिंटर्स, दिल्ली

ALL IS WELL

by Dr. Sneh Desai ₹ 400.00
Published by Prabhat Prakashan, 4/19 Asaf Ali Road, New Delhi-2
e-mail: prabhatbooks@gmail.com ISBN 978-93-86300-01-0

लेखकीय

एक ऐसे संसार में जिसकी गति निरंतर बढ़ती रहती है; जहाँ लोग, तकनीकें और स्थितियाँ बहुत तेजी से बदल जाती हैं, हम अपने लक्ष्यों का पीछा करने में और त्वरित परिणामों के लिए आशा व प्रयास करने में बहुत व्यस्त रहते हैं। परिवर्तन के साथ कदम मिलाए रखने के संघर्ष में, हम एक तनाव-मुक्त जीवन जीना भूल गए हैं।

इस संदर्भ में मुझे एक बहुत पुरानी घटना याद आ रही है। मेरी दादी की सुनाई कई कहानियों में से एक कहानी का मुझ पर विशेष असर हुआ था। वह कहानी एक भिखारी की थी, जो हमेशा फुटपाथ के किनारे एक लकड़ी के बक्से पर बैठा करता था। वह उधर से गुजरने वाले हर व्यक्ति से भीख माँगा करता था। एक दिन एक धनी व्यक्ति, जो बुद्धि से धनी था, वहाँ से गुजरा और भिखारी ने उससे पैसे माँगे। वह रुक गया, लेकिन उसको उस बक्से में रखी चीजों के बारे में जानने की उत्सुकता हुई, जिस पर भिखारी बैठा था। उत्सुकतावश उसने भिखारी से पूछ ही लिया कि बक्से के अंदर क्या है। भिखारी ने जवाब दिया कि उसे नहीं पता था कि बक्से के अंदर क्या है? हालाँकि वह पिछले कई वर्षों से उस पर बैठ रहा है। उसने बक्से के अंदर देखने के बारे में न कभी सोचा न उसकी परवाह की। धनी व्यक्ति ने उसे बक्सा खोलने के लिए कहा,

और भिखारी ये देखकर हैरान हो गया कि बक्से में खजाना भरा था। मेरी दादी कहानी के अंत में मुझे हमेशा कहती थीं कि हर व्यक्ति के अंदर शक्ति और क्षमता का भंडार होता है, जिसके बारे में कभी-कभी उसे पता भी नहीं होता।

मस्तिष्क सबसे महत्त्वपूर्ण खजाना है, जिसके साथ हमारा जन्म हुआ है। यदि स्वस्थ है, सही दिशा में काम कर रहा है, तो जीवन के सभी क्षेत्र सुचारु रूप से और स्वायत्तता के साथ काम करते रहेंगे। लेकिन यदि मस्तिष्क अस्तव्यस्त है, तो हर काम में अव्यवस्था और मतभेद होगा। मासूम बच्चों से जिम्मेदार वयस्क बनने के दौरान हम कई अनचाही भावनाओं को अपना लेते हैं, जो हमारी वास्तविक प्रवृत्ति को दबा कर गहराई में कहीं छुपा देती हैं। हम सब सफलता प्राप्त करके एक शानदार जीवन जीना चाहते हैं; लेकिन ऐसा नहीं कर पाते, क्योंकि हम अपनी खुद की शक्तियों के संपर्क में नहीं रहते।

एक सरल जीवन जीने के लिए, हमें अपने अंदर की सभी अनचाही चीजों को बाहर निकाल फेंकने की आवश्यकता है। ये काम करता है मन को एक अच्छी कसरत देकर, उसे सभी नकारात्मक विचारों से मुक्त करके और अधिक मजबूत बना कर; उसे सकारात्मक और प्रेरक विचारों से पोषित करके और आपको आपकी अंदरूनी योग्यता पहचानने में तथा असली क्षमता जानने में मदद करके।

हमारा प्राकृतिक व सच्चा स्वरूप, जिसके साथ हमने जन्म लिया था, भावुक, विश्वासी, निडर और खुश रहने का होता है। जैसे-जैसे हम बड़े होते हैं, क्रोध, दु:ख, अहंकार, मोटापे जैसी कई अवांछित चीजों को अपनाने लगते हैं और नींद, आत्म-संयम, सिर के बाल एवं चित्त की प्रसन्नता जैसी कई चीजें खोने लगते हैं। हम अपने दु:खों और नुकसानों

के बारे में सोच-सोचकर अपनी ऊर्जा बरबाद करते हैं। हम बड़े सपने देखने के लिए खुद को कमजोर समझने लगते हैं या इस विश्वास को खो देते हैं कि हम जैसा जीवन चाहते थे, वैसा जी सकते हैं। हम अनेक नकाब लगा लेते हैं और अकसर एक बाहरी मुसकराहट ओढ़ लेते हैं; लेकिन हमारे अंदर जो चल रही होती है, वह एक बिल्कुल अलग कहानी होती है, जो सिर्फ हमें पता होती है।

हम भूल जाते हैं कि एक उत्साह से भरा जीवन कैसे जिया जाता है, जैसा कि हम बचपन में जीते थे। हमारा खोया हुआ प्रयोजन हमें ऐसे जीने पर विवश करता है जैसे हमारा अस्तित्व बिलकुल निरर्थक है और हम सिर्फ इसलिए जी रहे हैं, क्योंकि हम अजनमे नहीं हो सकते। हम सुकून से रहना भूल जाते हैं और ये भी भूल जाते हैं कि रोजमर्रा के जीवन की छोटी-ब्रड़ी चुनौतियों का सामना कैसे करना है।

ये पुस्तक आपको इस लीक से बाहर लाकर आपके असली स्वरूप में लाने में मदद करेगी। ये एक आनंदपूर्ण और मजेदार तरीके से आपको उस अतिरिक्त बोझ से मुक्त कर देगी, जो आपने जीवन के प्रति अपने दृष्टिकोण को बदलकर अपने ऊपर ले लिया होगा।

एक व्यक्ति, जो इस पुस्तक में दिखाई गई प्रणाली का अनुसरण करता है, हर प्रकार की परिस्थिति में शांत बना रहेगा; क्योंकि ये मन को स्थिर करती है और उसमें जमा गंदगी को साफ करती है। ये आपको आपका श्रेष्ठ संस्करण बनने में, और जीवन को खूबसूरती से जीने में मदद करती है, ताकि आप सिर्फ इसलिए न जिएँ, क्योंकि आप पैदा हुए हैं।

ये पुस्तक आपके सामने सादगी और विनम्रता की दुनिया खोलेगी, ताकि आप अपने कार्य, भावनाओं, संबंधों, तनाव, पैसे और स्वास्थ्य

संतुलित कर सकें और इन सबके बाद खुश भी रहें। इसकी मदद से आप अपनी ऊर्जा सही दिशा में केंद्रित कर सकेंगे, अपनी शक्तियों को पहचान सकेंगे, अपने आप पर विश्वास कर सकेंगे। वह सब प्राप्त कर सकेंगे, जो आप पाना चाहते हैं और अपने सपनों को जी सकेंगे।

'सादगी सबसे अच्छा परिष्कार है।'—स्टीव जॉब्स

पन्ना पलटें, सिर्फ पुस्तक के नए अध्याय के लिए नहीं, बल्कि ये मानिए और जानिए कि आल इज Well!

—डॉ. स्नेह देसाई

पुस्तक परिचय

'मैं तुम्हारे जन्म के पहले तुम्हें नहीं जानता था। मैं अपनी मृत्यु के बाद तुम्हें याद नहीं रखूँगा। तो जन्म और मृत्यु के बीच लड़ाई क्यों करें?'

—वेणु सोमिनेनी

पृथ्वीवासियों के रूप में, इस पृथ्वी पर किसी को जरा सा भी अनुमान नहीं है कि मृत्यु के बाद हम कहाँ रहेंगे। हम उन्हीं लोगों के साथ रहेंगे, जिन्हें हम प्यार करते हैं या उनके साथ जिनसे हम आज सबसे ज्यादा नफरत करते हैं। हालाँकि हम जानते हैं कि हम इस पृथ्वी पर बहुत कम, सीमित समय के लिए आते हैं, फिर भी हममें से अधिकतर लोग छोटी-छोटी बातों पर पसीना बहाने में अपना अधिकांश समय बरबाद कर देते हैं।

यदि हम इस पृथ्वी पर जीवन को एक व्यापक स्तर पर देखें, तो सबकुछ हमारे जन्म से शुरू होता है और फिर ये निर्णय लिया जाता है कि हमें एक निर्धारित भूमिका निभानी है। पृथ्वी पर रहने के दौरान, हमें कई चीजों से प्यार हो जाता है, हमें कई चीजों में जीत मिलती है और कई में हार, और इन सबके अंत में, जब हमारे जाने का समय आ जाता

है, हम इस ग्रह को छोड़ देते हैं।

लेकिन क्या जीवन इतना आसान है?

इस पृथ्वी पर रहने के दौरान हम जो कुछ भी करते हैं, वह अंत में खुशी पाने के लिए करते हैं। अंतिम परिणाम के रूप में हममें से प्रत्येक खुशी ही चाहता है, चाहे हम कोई भी काम करें।

एक आसान सा उदाहरण प्रस्तुत है। हम जानते हैं कि जंक फूड हमारे स्वास्थ्य के लिए हानिकारक होता है—'जंक' शब्द से ही ये पता चल जाता है—फिर भी, दिन में कई बार उसे खाने में हमें परेशानी नहीं होती। सिर्फ इसलिए, क्योंकि वह हमें अच्छा लगता है। अच्छा और खुश महसूस करने के लिए कुछ लोग आवश्यकता से अधिक खाने लगते हैं, कुछ लोग अधिक चाय-कॉफी पीने लगते हैं और कुछ नशे का दुरुपयोग करते हैं या सिगरेट अथवा शराब का सेवन करने लगते हैं। इस प्रकार, ये जानते हुए भी कि कोई चीज हमारे लिए बुरी है, हम उसका उपयोग करते हैं; क्योंकि उससे हमें खुशी मिलती है। लेकिन घर और दफ्तर में पसीना बहाने के बाद भी क्या हम वास्तव में खुश और संतुष्ट रहने में सफल हो पाते हैं? हममें से अधिकांश लोग नहीं हो पाते!

दिन के अंत में हमें आजादी की तलाश रहती है—आर्थिक और भावनात्मक; और हम इस पृथ्वी पर अपने अस्तित्व के प्रति अधिक भावुक और कम तनावपूर्ण महसूस करना चाहते हैं। लेकिन अधिकांश मामलों में, जीवन की योजना काफी अलग होती है।

बड़े होने के दौरान, हम जीवन के बारे में बहुत कम व्यावहारिक ज्ञान प्राप्त कर पाते हैं। स्कूल में, हम लिनक्स से लेकर फेफड़ों तक हर चीज के बारे में पढ़ते हैं, सभी संभव रासायनिक प्रतिक्रियाओं और गणितीय प्रमेयों के बारे में पढ़ते हैं; लेकिन हमें ये कभी नहीं सिखाया

जाता कि हम पैसों, असफलताओं, स्वास्थ्य, संबंधों, भावनाओं का प्रबंधन करने के बाद दिन के अंत में खुश कैसे रह सकते हैं! जब हम वयस्क हो जाते हैं, हम अपने खुद के अनुभवों से अनुमान लगा लेते हैं और जीवन को अस्तित्व के लिए निरंतर संघर्ष के रूप में परिभाषित कर देते हैं।

आमतौर पर इस धरती पर बढ़ते हुए हम एक घिसा-पिटा जीवन व्यतीत करते हैं। बचपन के दौरान मस्ती करने का सारा समय पढ़ने में चला जाता है, ताकि हम स्कूल में सर्वोच्च पर आ सकें और हमें एक अच्छे कॉलेज में दाखिला मिल जाए। कॉलेज में भी हम कड़ी मेहनत करते हैं, ताकि हमें अच्छी खासी तनख्वाह देनेवाली नौकरी मिल सके और कुछ ही समय में हम मासूम बच्चों से आर्थिक रूप से जिम्मेदार वयस्कों में बदल जाते हैं। इस चूहा-दौड़ में हमारे जीवन के बेहतरीन साल खो जाते हैं और हमें इसका एहसास तब होता है, जब हमारे सिर के बाल सफेद तथा कम होने लगते हैं और हमारी कमर के आस-पास चर्बी बढ़ने लगती है। फिर हम युवा और आकर्षक दिखने की उम्मीद में ट्रेडमिल्स पर और कॉस्मेटोलौजिस्ट के पास काफी समय बिताने लगते हैं।

जब तक हम 40 या 50 वर्ष के होते हैं, पैसे कमाने और अपना भविष्य सुरक्षित करने में अत्यधिक व्यस्त रहने के कारन हमारे शरीर में थकान और खराब स्वास्थ्य के लक्षण दिखाई देने लगते हैं। और फिर अपना खोया हुआ स्वास्थ्य वापस पाने के लिए हम अपनी कमाई की हुई दौलत विश्व स्तर के डॉक्टरों को देने के लिए तैयार हो जाते हैं।

इन सबके बीच, एक मनुष्य को खुशी कहाँ मिलती है? हमें अपने जीवन में कुछ खुशी भरे पलों को ढूँढ़ने के लिए एक मैग्नीफाइंग ग्लास की जरूरत पड़ सकती है।

हम जितना अधिक परिश्रम करते हैं, उतना अधिक थकते हैं। हम

जितना अधिक क्रोधित, निराश और तनावपूर्ण होते हैं, उतनी ही अधिक नकारात्मक परिस्थितियाँ, लोग और स्थितियाँ अपने जीवन में आकर्षित करते हैं। हम नकारात्मक आकर्षण के एक अंतहीन चक्र में फँस जाते हैं, जो खुशी को हमारे आस-पास भी नहीं आने देता।

इसी प्रकार, हम इस पृथ्वी पर अपना जीवन बरबाद कर देते हैं; गलत दिशाओं में कड़ा संघर्ष करते हुए, अपनी वास्तविक क्षमता से कभी भी परिचित हुए बगैर; जबकि कई महान् गुरुओं, सफल व्यक्तियों, नेताओं और ईश्वर तक ने कहा है कि समस्त शक्तियाँ आपके भीतर होती हैं और आप स्वयं अपने भविष्य का निर्माण कर सकते हैं।

स्वामी विवेकानंद ने कहा है, "ब्रह्मांड की सभी शक्तियाँ पहले से ही हमारी हैं; हम सर्जक हैं। सभी शक्तियाँ आपके अंदर हैं। आप कुछ भी और सबकुछ कर सकते हैं।"

वेरा पीफेर ने कहा है, "जब पर्याप्त मानसिक प्रयास लागू किया जाता है, तो एक व्यक्ति क्या प्राप्त कर सकता है, उसकी कोई सीमा नहीं है।"

वे जिन शक्तियों की बात कर रहे हैं, उनमें से एक है सकारात्मक भावना या खुशी की शक्ति। और ये पुस्तक आपको वह शक्ति आपके अंदर खोजने में और आपकी असीमित क्षमता हासिल करने के लिए चैनलबद्ध होने में मदद करेगी।

अनुक्रम

1

प्रसन्नता : सफलता का शॉर्टकट

कोई भी काम करने के पीछे हमारा वास्तविक उद्देश्य होता है खुशी प्राप्त करना। सच्चाई ये है कि प्रत्येक उद्देश्य के पीछे हमारा असली उद्देश्य खुशी प्राप्त करना होता है। अधिकांश लोग मानते हैं कि प्रसन्नता या खुशी सफलता, धन, संबंधों और अच्छे स्वास्थ्य से आती है। लेकिन ये सच नहीं है। सफलता, धन, संबंध और स्वास्थ्य खुशी के कारण आते हैं, इसके उलट नहीं।

जब आप खुश होते हैं, तो आप अपने कार्यस्थल पर सही निर्णय लेते हैं, जिससे आपको और अधिक सफलता मिलती है; जब आप खुश होते हैं, तो काम में अपना श्रेष्ठ प्रदर्शन देते हैं, जिससे आपको अधिक पैसे मिलते हैं; जब आप खुश होते हैं, तो सबके साथ अच्छा व्यवहार करते हैं, जिससे आपके संबंध बेहतर होते हैं; और अंत में, जब आप खुश होते हैं, तो तनाव व चिंता से दूर रहते हैं और आपका स्वास्थ्य बेहतर हो जाता है। मैंने हर सफल व्यक्ति को खुश नहीं देखा है; लेकिन ये देखा है कि जो लोग खुश रहते हैं उन्हें हमेशा सफलता मिलती है। अब ये कैसे संभव है ? आइए, पता करें…

प्रसन्नता की शक्ति से, आप सबकुछ प्राप्त कर सकते हैं··· सच कहें, तो सबकुछ!

आप वे सभी चीजें पाने के अधिकारी हैं, जो आप पाना चाहते हैं, वे सभी चीजें, जो आपको खुशी देती हैं। आपका जीवन प्यार, देखभाल, मस्ती, जोखिम, विलासिता और उन सभी चीजों से परिपूर्ण होना चाहिए, जो आपको पसंद हैं। और ये सब खुशी की ताकत से संभव है।

'यह शक्ति क्या है? मैं नहीं बता सकता। मैं बस, इतना जानता हूँ कि इसका अस्तित्व है।'

—एलेक्जेंडर ग्रैहम बेल

इस बात से कोई फर्क नहीं पड़ता कि इस समय आपके पास क्या है और क्या नहीं। आप चाहे किसी भी स्थिति में हों, आप सिर्फ खुशी महसूस करके अपने जीवन में परिवर्तन ला सकते हैं, और आपको ये देखकर हैरानी होगी कि अचानक आपकी मुलाकात सही लोगों से होने

लगेगी और आपकी कार्य योजनाओं की परिस्थितियाँ स्वतः ही अनुकूल होने लगेगीं।

लेकिन ये कैसे होता है ?

जब हम खुश होते हैं, तो ऐसे लोगों, चीजों, घटनाओं और परिस्थितियों को आकर्षित करते हैं, जो हमें और अधिक खुश करती हैं। आइए इस दिलचस्प स्थिति के बारे में और जानें।

ये असाधारण घटना ब्रह्मांड के सबसे शक्तिशाली प्राकृतिक नियमों में से एक द्वारा नियंत्रित होती है।

हमने स्कूल में न्यूटन के तीसरे नियम के रूप में सीखा कि 'प्रत्येक क्रिया की एक समान और विपरीत प्रतिक्रिया होती है।' आध्यात्मिक गुरु और शिक्षक इसे 'कर्म' कहते हैं, जिसका अर्थ है—'कारण और प्रभाव का नियम'। हमने अपने माता-पिता से बहुत छोटी उम्र में सीखा था कि 'जो तुम बोओगे, वही काटोगे।'

हमारे माता-पिता, गुरुजन और वैज्ञानिक—सबने हमें एक बहुत ही अद्‌भुत बात समझाने का प्रयास किया; लेकिन हम कभी उसे पूरी तरह नहीं समझ पाए।

ब्रह्मांड जिस नियम से काम करता है, वह यह है कि जो आप देते हैं, वही आपके पास लौट कर आता है। ब्रह्मांड आपकी ऊर्जा को प्रतिबिंबित करता है।

अब जबकि आप प्रकृति के इस नियम को जान गए हैं, आपके अनुसार आप दुःखी, क्रोधित और ईर्ष्यालु महसूस करने पर किस प्रकार के लोगों और परिस्थितियों को आकर्षित करेंगे ? स्पष्ट और स्वाभाविक रूप से, आप और अधिक दुःख, क्रोध, ईर्ष्या या और कोई नकारात्मक भावना आकर्षित करेंगे। जब निराश महसूस करना आपका दूसरा स्वभाव

बन जाता है तो आप किस चीज को अपनी ओर आकर्षित करते हैं? जब आप दु:खी महसूस करते हैं तो आपके पास दु:ख लौट कर आता है और दु:ख की भावना को बाहर निकालने से दु:खद परिस्थितियाँ बनती हैं। दूसरी ओर, जब आप खुश होते हैं, तो आप खुशी देते हैं, और सुखद परिस्थितियाँ उत्पन्न करते हैं।

उदाहरण के लिए, जब आप अपना कार्य पूरे उत्साह और प्रसन्न मन के साथ करते हैं, तो आपके पास क्या लौट कर आता है? आपको अन्य बेहतर अवसर मिलते हैं, जो आपको और अधिक प्रसन्न व सफल बनाते हैं।

हम खुशी महसूस करते हैं, जब हम प्यार करते हैं, किसी की देखभाल करते हैं, किसी जरूरतमंद की सहायता करते हैं, हँसते हैं, किसी के साथ अपनी मुस्कान बाँटते हैं, जब कोई हमारी प्रशंसा करता है और जब हम जीत हासिल करते हैं! इसलिए, ऐसे उत्पादक काम अधिक-से-अधिक करने का प्रयास करते रहें।

आपके पास जो भी है और आप जहाँ भी हैं, उससे प्रसन्न व संतुष्ट रहने का प्रयास करें। अपना सर्वश्रेष्ठ दें, और प्रचुरता स्वत: ही आपके पास आ जाएगी।

आम तौर पर, हम असफलता की चिंता करते हैं, लेकिन बदले में सफलता की अपेक्षा करते हैं। हम नफरत करते हैं, लेकिन बदले में प्यार की अपेक्षा करते हैं और डरते हैं, लेकिन बदले में खुशी की अपेक्षा करते हैं। ये सब कैसे हो सकता है? जब हम अपना अधिकांश समय चिंता, नफरत और डर में बिताते हैं, तो ब्रह्मांड उसका कई गुना हमें लौटा देता है, और फिर भी हम ईश्वर को दोष देते हैं। क्या ये बेतुकी सी बात नहीं है?

यदि आप खुद को पीड़ित महसूस कर रहे हैं, दुःखी और असफल महसूस कर रहे हैं, तो इस समय आप अपनी सोच के माध्यम से अपने लिए एक असफल भविष्य का निर्माण कर रहे हैं। कड़े परिश्रम से भी अधिक जिस बात से फर्क पड़ता है, वह है आपका सोचने का तरीका। आप चाहे जितना कड़ा परिश्रम करें, यदि आप अपनी भावनाओं के माध्यम से प्रतिकूल परिस्थितियों को आकर्षित करते हैं, तो सबकुछ व्यर्थ चला जाता है। इसलिए, यदि आप एक ऐसे व्यक्ति हैं, जिसे इतने अधिक परिश्रम के बाद भी जीवन से कुछ नहीं मिलता, तो ये आपके लिए चेतावनी है कि आप अपने सोचने के तरीके और भावनाओं के बैरोमीटर को जाँच लें। खुद से पूछें कि दिन भर आप कैसा महसूस करते हैं ? आप सिर्फ ऐसी स्थितियों को आकर्षित करते हैं, जो आपके पास ऐसी ही और भावनाएँ ले आएँगी।

हम दुःखी कब होते हैं ? जब हम नाराज, शर्मिंदा, अकेले होते हैं या कोई हमें धोखा देता है।

'दीजिए और वह आपको वापस दिया जाएगा, क्योंकि आपके मापदंड के स्तर से वह बदले में आपके लिए मापा जाएगा।'

—जीसस क्राइस्ट

आपके पास जो भी है और आप जहाँ भी हैं, यदि आप उससे खुश हैं, तो आप अपने सोचने का तरीका बदलकर सरलता से अपना जीवन बदल रहे हैं।

यदि आप जो चाहते हैं, वह खुशी, शांति, प्यार और दोस्ती है, तो आपको खुश, शांत, प्रेमपूर्ण और मैत्रीपूर्ण होना होगा।

हममें से अधिकांश लोग इस अनंत भ्रांति में जीते हैं कि जब हम

वह सब प्राप्त कर लेंगे, जो हम चाहते हैं, तो हम खुश रहेंगे। क्या हम ऐसा नहीं सोचते कि जब हम 10 किलो वजन कम कर लेंगे, या जब हमें हमारा जीवनसाथी मिल जाएगा, या जब हम कुछ लाख रुपए कमा लेंगे, तो हमें खुशी मिल जाएगी? और अंत में क्या होता है? अकसर हमें वह नहीं मिलता, जो हम चाहते हैं और जो हमें मिलता है, उससे हम खुश नहीं होते! इस प्रकार हम लगातार असंतुष्ट होते रहते हैं और उम्र बढ़ने के साथ हमारे बाल सफेद होने लगते हैं, या चमड़ी पर झुर्रियाँ पड़ने लगती हैं; लेकिन फिर हम किस्मत के आगे हथियार डाल देते हैं, और सोच लेते हैं कि ये हमारी नियति है।

लेकिन ब्रह्मांड इस तरीके से काम नहीं करता। हम जो चाहते हैं, वह प्राप्त करने के लिए हमें पहले बिना कुछ पाए भी खुश रहना होगा, और फिर चीजें स्वत: हमारे जीवन में प्रवेश करने लगेंगी।

सच ये है कि हम जो चाहते हैं, वह हमें तब मिलता है, जब हम इसी समय, इस वर्तमान पल में खुश रहना आरंभ कर देते हैं।

प्रसन्नता स्पष्ट रूप से इस संसार में सबसे बड़ी शक्ति है।

'तुमसे बेहतर भविष्यवक्ता और कोई नहीं है,
तुमसे बुरा विनाशक और कोई नहीं है।'

—वेणु सोमिनेनी

□

2

प्रसन्नता 'चिपकू' व्यापार है

जो कुछ आपको खुश करता है... आप उससे जुड़ जाते हैं!

जब आप खुश होते हैं, तो हर वह चीज, जो आपको खुश करती है, आपसे चिपक जाती है, चाहे वह कोई संबंध हो, पैसा हो, सफलता हो या अच्छा स्वास्थ्य।

कैसे ?

हम सब में प्राकृतिक चुंबक है और हम वह करते हैं जो चुंबक करती है; अर्थात् खींचते हैं और आकर्षित करते हैं। हमारे विचारों और भावनाओं में चुंबकीय आवृत्ति होती है और हम अपनी भावनाओं से अपने चारों ओर एक चुंबकीय क्षेत्र का निर्माण कर लेते हैं। इसे औरा/इलेक्ट्रोमैग्नेटिक फील्ड भी कहते हैं। यदि आप प्रसन्न होते हैं तो आप एक सकारात्मक फ्रीक्वेंसी से घिर जाते हैं और हर वह सकारात्मक चीज जो आपकी फ्रीक्वेंसी से मेल खाती है आपकी ओर आकर्षित हो जाती है।

आप प्रसन्नता महसूस करते हैं, तो आप सकारात्मक चुंबकीय शक्ति बाहर भेजते हैं और अपने चारों ओर एक सकारात्मक क्षेत्र का निर्माण कर लेते हैं। आप ऐसे लोगों, घटनाओं और परिस्थितियों को आकर्षित करते हैं, जो सकारात्मक फ्रीक्वेंसी में हैं। इसी प्रकार, जब आप बुरा महसूस करते हैं तो आप नकारात्मक चुंबकीय शक्ति बाहर भेजते हैं और अपने चारों ओर नकारात्मक क्षेत्र का निर्माण कर लेते हैं, और ऐसे नाराज लोगों व परिस्थितियों को आकर्षित करते हैं, जो आपको और अधिक नाराज, अपराधी, दु:खी और कुल मिलाकर अत्यधिक नकारात्मक बना देती हैं।

एक सामान्य, वास्तविक जीवन का उदाहरण प्रस्तुत है। क्या आपने कभी अनुभव किया है कि जब आप अपना बिलकुल नया वाहन इस डर के साथ चलाते हैं कि कहीं उसे हानि न पहुँचे, तो हमेशा उसमें कोई निशान/गड्ढा लग जाता है ? आप कहते हैं, 'अब तक मैं अपनी पुरानी व टूटी-फूटी कार लापरवाही से चलाता था तो उसमें एक खरोंच तक नहीं आई, और आज जब मैं अपनी नई कार चला रहा था, तो पता नहीं कहाँ से एक वाहन आया और···बूम···! मेरी कीमती कार में इतना बड़ा

निशान/गड्ढा लग गया। क्यों ?'

ऐसा इसलिए हुआ, क्योंकि आप अपनी कार के नुकसान की संभावना के बारे में सोचकर डरे हुए एवं चिंतित थे और आपने बिलकुल उसी चीज को आकर्षित किया, जो आप मन में सोच रहे थे।

क्या आपने कभी सोचा है कि कैसे, सुबह के समय परेशान हो जाने पर आपका पूरा दिन खराब हो जाता है ? आप ट्रैफिक में फँस जाते हैं, देर से दफ्तर पहुँचते हैं, जरूरी फाइल घर पर भूल जाते हैं। दिन भर आपकी मुलाकात नाराज लोगों से होती है और शाम को घर लौटते समय आपकी कार का टायर पंक्चर हो जाता है। ये सब इसलिए होता है, क्योंकि वे नकारात्मक भावनाएँ, जिनसे आपने दिन की शुरुआत की थी—नकारात्मक लोगों, परिस्थितियों और घटनाओं को आकर्षित करती हैं, जो आपके जीवन में और अधिक नकारात्मकता लाती हैं—सूद समेत!

लेकिन अच्छी खबर ये है कि आप सिर्फ अपनी भावनाएँ और प्रवृत्ति बदलकर अपने जीवन में बदलाव ला सकते हैं। आप सिर्फ अच्छा महसूस करके, सिर्फ अपने वर्तमान में प्रसन्नता महसूस करके अपने जीवन को बदल सकते हैं।

'भावनाओं में परिवर्तन नियति में परिवर्तन होता है।'

—वेविल गोडार्ड

'आपकी भावनाएँ आपका ईश्वर हैं।'

—चाणक्य

जब आप अपने सोचने का तरीका बदल लेते हैं, तो बदलावों को तुरंत आकर्षित करने लगते हैं, और वह भी हर बार।

अब चलिए, हम अपने आप से यह झूठ न बोलें कि भावनाएँ हमारे

पास किसी दूसरे ग्रह से आती हैं और हमारा उन पर कोई नियंत्रण नहीं होता। भावनाएँ विचारों से उत्पन्न होती हैं। यदि हम उन सभी चीजों के बारे में सोचते और बात करते रहेंगे, जो हमारे जीवन में काम नहीं कर रही हैं, तो स्वाभाविक है कि हम बहुत अच्छा महसूस नहीं करेंगे।

इसके विपरीत, उस समय बुरा महसूस करना असंभव होगा, जब आप अपने जीवन में हो रही अच्छी बातों के बारे में और अपने जीवन में शामिल लोगों की अच्छी लगनेवाली चीजों के बारे में बात करेंगे। हममें से कोई भी पूर्णतः दोष-रहित नहीं है; लेकिन होशियार और प्रसन्न लोग अपने जीवन की सब अच्छी चीजों पर ध्यान केंद्रित करते हैं और अपनी ओर अधिक खुशी आकर्षित करते हैं।

याद रखें, हम अपने जीवन का निर्माण अपने विचारों और अपनी भावनाओं से करते हैं। अपने कार्य में और अपने आस-पास के लोगों में मौजूद पसंद करने योग्य चीजों पर ध्यान केंद्रित करें। उनसे नफरत कभी न करें, क्योंकि हर व्यक्ति में और हर चीज में स्वाभाविक रूप से कुछ अच्छी और कुछ बुरी बातें होती हैं। जिस प्रकार जंक फूड स्वाद में अच्छा होता है, लेकिन स्वास्थ्य के लिए खराब होता है, उसी प्रकार हम सबके अंदर कुछ नकारात्मक चीजें होने के बावजूद कुछ अच्छी चीजें भी होती हैं।

अपने साथी की सकारात्मकता पर ध्यान केंद्रित करें और उस देखभाल, समर्थन और सहायता के लिए आभारी महसूस करें, जो आपको सबसे अधिक आवश्यकता के समय उनसे मिलती है, बजाय उन कुछ अवसरों के लिए उनसे नाराज होने के जब वे आपकी आवश्यकताएँ पूरी नहीं कर पाएँ या उनकी कुछ कमजोरियों के लिए उनसे नफरत करने के, जो सभी मनुष्यों में होती हैं।

हारे हुए लोग हर उस चीज के बारे में शिकायत करते हैं, जो उनके जीवन में नहीं है, जब तक कि वे वह सब भी नहीं खो देते जो उनके पास है।

'हम या तो अपने आपको प्रसन्न बनाते हैं या दु:खी। काम की मात्रा उतनी ही होती है।'

—कार्लोस कास्तानेदा

खुशी और सफलता

खुशी सफलता का शॉर्टकट है। ये आवश्यक नहीं है कि हर सफल व्यक्ति खुश हो; लेकिन मैंने खुश लोगों को सहज और निश्चित भाव से सफलता की ओर बढ़ते देखा है।

हम सभी सफल होना चाहते हैं, लेकिन कुछ ही लोग सफलता प्राप्त कर पाते हैं। आपके अनुसार आप किन चीजों को आकर्षित करते हैं, जब आप अपराधी, व्यथित, क्रोधित और भयभीत महसूस करते हैं? निश्चित रूप से ढेर सारी नकारात्मकता! आपको जीवन में अपनी सभी इच्छित चीजें न मिल पाने का कारण क्या हो सकता है?

- ये नहीं कि आप उन्हें पाने के लिए बहुत बेताब नहीं थे;
- ये नहीं कि आपने उन्हें पाने की पर्याप्त कोशिश नहीं की;
- ये नहीं कि आप पर्याप्त रूप से बुद्धिमान नहीं हैं;
- ये भी नहीं कि आपका भाग्य और किस्मत आपके विरुद्ध काम कर रहे हैं।

इसका एकमात्र कारण हो सकता है—आपका दु:ख, क्रोध, ईर्ष्या और डर जैसी भावनाओं को अपने अंदर दबाकर रखना; जो आपको खुश, आनंदित और सफल बनानेवाली परिस्थितियों और चीजों को आकर्षित

करने से रोकता है।

जब आप अच्छा महसूस करते हैं, तो आप रास्ते की तमाम बाधाओं के बावजूद सफल जीवन प्राप्त करने के अपने लक्ष्य की ओर आसानी से और तेजी से बढ़ते हैं।

अब, जबकि आप जानते हैं कि अच्छा महसूस करके आप सफलता को आसानी से आकर्षित कर सकते हैं, तो जहाँ तक संभव हो शिकायत करने और दुःखी महसूस करने से बचें। और सच्चाई ये है कि अधिकतर ये संभव होता है। आपको अपना स्वप्न जैसा जीवन प्राप्त करने से कोई चीज नहीं रोक सकती। सिर्फ दुःख, ईर्ष्या जैसी भावनाएँ और हमारे गहरे जख्म हमें सफलता को अपनी ओर आकर्षित करने से रोक सकते हैं।

वास्तव में, धरती पर जीवन उतना मुश्किल नहीं है। लेकिन बुरा महसूस करके और नकारात्मकता को आकर्षित करके हम ब्रह्मांड द्वारा दी गई तमाम अच्छी चीजों को अपने पास आने से रोककर अपना जीवन मुश्किल बना लेते हैं, और अनेक अनचाही भावनाओं को अपने अंदर जमा करके हम खुद के बनाए नरक में रहने पर विवश हो जाते हैं।

आसान दिन बीत चुके हैं! अब इस ग्रह पर अपनी यात्रा का आनंद लेने के लिए आपको पर्याप्त रूप से होशियार बनना पड़ेगा, और इस पुस्तक का उद्देश्य इसी बात में आपकी सहायता करना है। ये आपको कठिन समय में खुशी तलाश करने में और नकारात्मक आकर्षण के दुर्दम्य घेरे में फँसने के बजाय धीरे-धीरे सफलता को आकर्षित करने में सहायता करेगी। अनुकूल परिस्थितियों में तो कोई भी सफलता प्राप्त कर सकता है। असली नायक वह है, जो खुद की और सफलता के बीच की सभी बाधाओं को चेहरे पर निरंतर मुस्कान के साथ पार कर लेता है।

आप स्वयं अपने जीवन के नायक बन सकते हैं, जो आप बनने के

अधिकारी हैं और जो बनने के लिए आपने जन्म लिया है।

आनेवाले 7 दिनों के लिए उन अनपेक्षित/प्रतिकूल परिस्थितियों को नोट कर लें, जिनका सामना आपने सकारात्मक तरीके से किया और खुश रहे, हालाँकि वे आपके पक्ष में नहीं थीं—

पहला दिन ——————————————————————

दूसरा दिन ——————————————————————

तीसरा दिन ——————————————————————

चौथा दिन ——————————————————————

पाँचवाँ दिन ——————————————————————

छठा दिन ——————————————————————

सातवाँ दिन ——————————————————————

□

3

आपको सिर्फ दर्द की आवश्यकता है

दर्द अच्छा होता है***

यदि आपको दर्द महसूस नहीं होता, तो आप खुद को जला सकते थे और पूरे जल जाने तक आपको पता भी नहीं चलता।

यदि 102 किलो का एक व्यक्ति आपके पाँव पर अपना पाँव रख देता है और आपकी छोटी उँगली लाल हो जाती है, तो दर्द को अच्छा मानना मुश्किल होगा। लेकिन कल्पना करें कि यदि गरम पानी

को छूने में भी आपको दर्द का एहसास नहीं होता, तो आप नहाते समय वास्तव में अपनी पीठ जला सकते हैं।

यदि आपको दर्द की अनुभूति नहीं होती, तो हो सकता है, आप बिना ध्यान दिए खाना बनाते समय अपनी उँगलियाँ आग में डाल देते और कुछ देर बाद आपको अपनी उँगलियों के स्थान पर कोयला दिखाई देता! यदि आपको दर्द नहीं होता तो आप प्रतिदिन खाना खाते समय अनजाने में अपनी जीभ भी चबा लेते, जब तक कि आपको अपने मुँह में किसी चीज की कमी नहीं लगती!

दर्द एक प्रतिक्रिया है जिसका उपयोग आपका शरीर बिना शब्दों के आपसे संपर्क करने के लिए करता है। दर्द एक साधारण सी चेतावनी है, जो हमें बताती है कि हमें क्या नहीं करना है! वह हमारी गलतियों की ओर संकेत करती है।

इसलिए, शारीरिक दर्द और मानसिक दर्द दोनों ही और कुछ नहीं बल्कि चेतावनी के आदर्श संकेत हैं, जो हमें खुद को और अधिक नुकसान पहुँचाने से रोकते हैं। जब हम गलती से किसी बहुत गरम चीज को छू लेते हैं और हमारी उँगलियाँ जल जाती हैं तो हम तुरंत अपना हाथ हटा लेते हैं। इसी प्रकार, जैसे ही हमें किसी बात से दुःख होता है, हमें अपना दिमाग उन दुःखदायी विचारों से हटा लेना चाहिए, जो हमें तकलीफ देते हैं। लेकिन क्या हम वास्तव में उन कष्टप्रद विचारों को सँजो कर रखना छोड़ देते हैं, जो हमें दर्द के सिवा कुछ नहीं देते?

जिस प्रकार आपके पैर की उँगली में हुआ छाला संकेत है कि आपको जूते बदल लेने चाहिएँ, उसी प्रकार आपके दिमाग और दिल का छाला संकेत है कि आपको जीवन के प्रति अपना दृष्टिकोण बदल लेना चाहिए और चीजों को अलग नजरिए से देखना चाहिए। अपने दर्द

के लिए किसी और को दोष देना एक वास्तव में बुरा विचार है, क्योंकि दोष देना जीवन में अतिरिक्त दर्द का मसाला डालने का त्वरित नुस्खा है।

क्या हम ज्यादा ठंड लगने पर कभी कमरे में लगे ऐसी को दोष देते हैं? नहीं; हम फौरन तापमान बदल देते हैं। क्या हम अपने पाँव के छालों के लिए किसी और को दोष देते हैं? नहीं; हम फौरन अपने जूते बदल लेते हैं।

फिर हम अपने दिल के छालों के लिए किसी और को दोष कैसे दे सकते हैं? यदि हम बार-बार वही कष्टप्रद काम करते रहेंगे, तो हमें कष्ट होता रहेगा! ये हमारी अपनी जिम्मेदारी है कि हम उन दुःखदायी स्थितियों के बारे में सोचना बंद कर दें और कुछ सुखद विचारों को संजोना आरंभ कर दें। हमारी खुशी का कोई देनदार नहीं है; अपने जीवन के लिए हम खुद जिम्मेदार हैं, सिर्फ हम और हमारा प्रत्येक हिस्सा।

खुशी एक विकल्प है। हमें अपने जीवन की परिस्थितियों पर ध्यान दिए बिना खुश रहने का चुनाव करना चाहिए।

हालात कभी कभी मुश्किल हो जाते हैं। शायद आपका किसी से रिश्ता टूट गया हो, आपकी जरूरत के समय आपका सबसे अच्छा दोस्त नहीं आया हो, आपको व्यापार में बहुत बड़ा नुकसान हुआ हो; लेकिन आप वास्तव में निराश तब होते हैं, जब आप एक बेहतर जीवन और बेहतर भविष्य की आशा करना छोड़ देते हैं, और खुद को उस दुःख व दर्द से लंबे समय तक बाहर नहीं आने देते। आप पानी में गिरने से कभी नहीं मरते; आप तब मरते हैं, जब आप तैरना बंद कर देते हैं। याद रखें, चुनाव एक बार फिर आपको करना है—या तो तैरना जारी रखें या रुककर खुद को डूब जाने दें!

मशहूर मीडिया हस्ती ओप्राह विनफ्रे अपने बचपन के दिनों में

अपने जीवन के सबसे बुरे दौर से गुजरी थीं, जब 14 वर्ष की उम्र में उनके एक निकट के रिश्तेदार ने उनका बलात्कार किया था और फिर उन्होंने एक मृत शिशु को जन्म दिया था। अधिकांश महिलाओं के लिए ये उनके जीवन का अंत होता, लेकिन उनके लिए तो ये सिर्फ शुरुआत थी। बिना उस दर्द और तकलीफ के बारे में दोबारा सोचे, जो उन्होंने सही थी, उन्होंने एक बेहतर भविष्य की उम्मीद की, और बिना हार माने अपनी पूरी क्षमता के साथ उसे प्राप्त करने की दिशा में काम करने लगीं। खुद को सँभालते हुए, उन्होंने अपनी आंतरिक शक्ति को एकत्रित किया और जीवन के सुनहरे पक्ष की ओर ध्यान केंद्रित किया और आज वे अमेरिका के सबसे धनी तथा सबसे प्रभावशाली लोगों में से एक हैं।

यदि किसी ने आपको धोखा दिया है या छोड़ दिया है, तो आप भावनात्मक रूप से दुःखी हो सकते हैं। मनुष्य होने के नाते कभी-कभी दुःखी होना हमारे लिए बिल्कुल स्वाभाविक है। लेकिन हमेशा दुःखी रहने से कोई लाभ नहीं होता। हमें ईश्वर को इस बात के लिए शुक्रिया कहते हुए जीवन में आगे बढ़ना चाहिए कि चाहे हमारे साथ कुछ भी हुआ हो, अच्छी बात ये है कि हम अभी भी जीवित हैं। और हम कभी भी, कहीं भी एक बिल्कुल नए जीवन की शुरुआत कर सकते हैं, सिर्फ जीवन के प्रति अपने नजरिए को थोड़ा सा बदलकर! आप शायद नहीं जानते कि आपके विचार कितने शक्तिशाली हैं; लेकिन इस पुस्तक को आगे पढ़ने पर आप जल्दी ही जान जाएँगे।

जीवन आप पर कुछ कष्टप्रद परिस्थितियाँ थोप सकता है, लेकिन आपके लिए इन परिस्थितियों में दुःखी होकर रहना बिल्कुल भी आवश्यक नहीं है। आपको इतना होशियार होना पड़ेगा कि जब हालात उलट-पुलट हो रहे हों, तब आप जीवन के सुनहरे पक्ष को देख पाएँ।

लेकिन जब परिस्थितियाँ प्रतिकूल हों, तब आप जीवन के सुनहरे पक्ष को कैसे देख सकते हैं ? यहाँ कुछ परिस्थितियाँ और उनका सामना करने के तरीके दिए गए हैं।

यदि आपके जीवन में कुछ वास्तव में मजबूत लोग हैं, तो उसका सुनहरा पक्ष ये है कि वे आपके जीवन में उपस्थित अन्य अच्छे और प्यारे लोगों की सराहना करने में मदद करते हैं। कितनी आसान सी बात है !

यदि आपने अपनी गर्लफ्रेंड से रिश्ता तोड़ दिया है, तो इसका सुनहरा पक्ष ये है कि आप अधिक पैसों की बचत कर सकते हैं, आप बेतरतीबी से रह सकते हैं और बिना बाधा के सारे क्रिकेट मैच देख सकते हैं। कितनी अच्छी बात है !

यदि आपको बुखार है, तो उसका उजला पक्ष ये है कि आपको एक सप्ताह तक आराम करने का, आलसी बने रहने का मौका मिलता है। आप अपनी सभी पसंदीदा फिल्में देख सकते हैं और एक सप्ताह के लिए अपने बॉस और उनके काम को भूल सकते हैं। बोनस के तौर पर, आपको परिवार के लोगों की अतिरिक्त देखभाल और ध्यान मिलता है और एक पूरे सप्ताह आप सबके ध्यान के केंद्र में रहते हैं। क्या बात है !

यदि आप अपने किसी वर्तमान संबंध में खुश रहना चाहते हैं, तो साथ रहने की एक तत्कालिक विधि है—उस व्यक्ति के साथ बिताए सर्वश्रेष्ठ पलों का चुनाव करें और शेष पलों को स्मृति से मिटा दें।

जब भी आपको अपने जीवन की किसी चीज या किसी व्यक्ति से नफरत होने लगे, तो एक पल के लिए रुककर खुद से पूछें कि उसका उजला पक्ष क्या हो सकता है ? 95 प्रतिशत अवसरों पर आपको एक पर्याप्त रूप से विश्वसनीय उत्तर मिलेगा और शेष 5 प्रतिशत की आपको परवाह नहीं करनी चाहिए।

'आप परिस्थितियों के अनुसार ढलकर छाले होने से रोक सकते हैं। यदि आप कीचड़ में गिर जाएँ, तो अपनी जेबों में मछलियों की तलाश करें।'

—**अज्ञात**

आपके मन में किस प्रकार के विचार आते हैं, उसका निर्णय आप और सिर्फ आप लेते हैं।

मान लीजिए, रवि और रीमा को व्यापार में बहुत बड़ा नुकसान होता है।

रवि कहता है, 'मैं बरबाद हो गया! मेरा जीवन समाप्त हो गया। सब खत्म हो गया।'

रीमा कहती है, 'लेकिन ये एक दूसरे, बिल्कुल नए व्यापार की नई शुरुआत है।'

आपके अनुसार, किसका भविष्य बेहतर होगा?

हम सब जानते हैं कि कौन सी चीज काम करती है; लेकिन समस्या ये है कि 'हममें से अधिकांश लोग सोचते हैं कि जोखिम उठाना और सकारात्मक सोच रखना इस पृथ्वी पर मेरे अलावा सबके लिए काम करता है।'

एक सुखद जीवन का रहस्य ये है कि सिर्फ वे लोग, जो खुद पर विश्वास रखते हैं और हमेशा एक बेहतर भविष्य की आशा रखते हैं, इस पृथ्वी पर अपने रहने का आनंद लेते हैं; अन्य लोग सिर्फ जीवित रहते हैं, क्योंकि उन्होंने जन्म लिया है।

'जीवित रहना छोड़ दें और जीना शुरू कर दें।'

—**संदीप गज्जर**

'गलतियाँ न ढूँढ़ें, समाधान खोजें। शिकायत कोई बेवकूफ भी कर सकता है, और अधिकांश बेवकूफ करते हैं।'

—हेनरी फोर्ड

उन तीन चुनौतियों को लिखें, जिनका सामना आप इस समय अपने जीवन में कर रहे हैं और उनके प्रति अपने नए व सकारात्मक परिप्रेक्ष्य भी लिखें—

पहली चुनौती ————————————————————
————————————————————

नया परिप्रेक्ष्य ————————————————————
————————————————————

दूसरी चुनौती ————————————————————
————————————————————

नया परिप्रेक्ष्य ————————————————————
————————————————————

तीसरी चुनौती ————————————————————
————————————————————

नया परिप्रेक्ष्य ————————————————————
————————————————————

□

4

सब खेल संकट का है

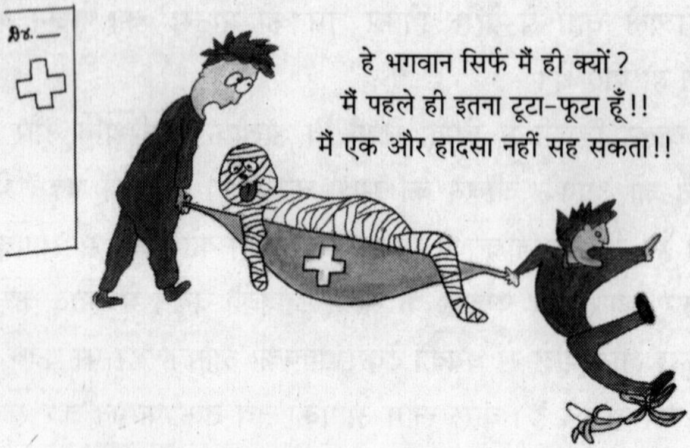

एक युवक था, जो कई समाचार-पत्र संपादकों द्वारा अस्वीकृत किया जा चुका था और और उस पर कोई ध्यान भी नहीं देता था; क्योंकि सबको लगता था कि उसमें कोई योग्यता नहीं है। आखिरकार उसे एक चर्च के मिर्निस्टर ने कार्टूनिस्ट का काम दिया। उसका कार्यस्थल एक गंदा सा शेड था, जिसमें चूहों का आतंक था। लेकिन उससे परेशान होने

की बजाय उसने उन चूहों के कार्टून बनाने शुरू कर दिए, जो उसके काम करते समय इधर-उधर दौड़ते रहते थे, और फिर एक दिन उसने इतिहास के सबसे लोकप्रिय कार्टून चरित्र 'मिक्की माउस' का सृजन कर लिया।

वह युवक वाल्ट डिज्नी था।

वाल्ट डिज्नी ने जीवन के प्रवाह का विरोध नहीं किया, क्योंकि वे जानते थे कि जीवन में हर चीज के पीछे एक विशेष कारण होता है और उनका काम था हर उस कठिनाई का अधिक-से-अधिक लाभ उठाना जो उनके जीवन में आई थी।

उन्हें ये भी पता था कि आपदाओं को सफलता की सीढ़ियों के रूप में कैसे उपयोग करना है। और इसीलिए वे अपने कार्यस्थल पर आतंक फैलानेवाले चूहों से प्रेरित होकर 'मिक्की माउस' का सृजन करने में सफल हो पाए थे।

वाल्ट डिज्नी ने दिखा दिया कि प्रत्येक परिस्थिति और प्रत्येक व्यक्ति जो आपके जीवन का स्पर्श करता है, आपको बढ़ने में मदद करता है। आपके जीवन में मौजूद कुछ लोग कोमलता से आपका हाथ थामकर, प्यार और परवाह के साथ, आपको बढ़ने में मदद कर सकते हैं। कुछ लोग पीछे से धक्का देकर आपको आपके डर पर काबू पाने में मदद कर सकते हैं। कुछ लोग आपको तब तक पागल कर सकते हैं, जब तक आप धैर्य से काम लेना न सीख जाएँ; और कुछ लोग आपको इतना परेशान कर सकते हैं कि आप अपने भावनात्मक चरम पर पहुँच सकते हैं और आपको गुस्सा आ सकता है। ये आवश्यक नहीं है कि आप उन सबको पसंद करें; लेकिन ये अवश्य जान लें कि ये वे लोग हैं, जो आपको एक बेहतर इंसान बनाने के लिए आपके जीवन में आए हैं। एक ऐसा इंसान जो शांत व प्रकृतिस्थ हो और हर परिस्थिति के अनुरूप

स्वयं को ढालना जानता हो, और ये वे लोग हैं, जो हमें निस्वार्थ प्रेम, धैर्य, क्षमाशीलता एवं संतोष की दिशा में धकेलते हैं और कुछ नहीं तो कम-से-कम ये आपके धीरज का स्तर बढ़ाने में मदद तो कर ही रहे हैं।

आदर्श रूप से जीवन हमें एक कोमल तरीके से बेहतर इंसान बनाने का प्रयास करता है; लेकिन बदकिस्मती से हम तभी बदलना पसंद करते हैं, जब हमारे ऊपर मुसीबतें आती हैं। जब कुछ चीजें हमें चोट पहुँचाने लगती हैं और दर्द देने लगती हैं, तभी हम अपनी कमर हिलाते हैं और अपनी आंतरिक शक्ति का उपयोग करके किसी अद्भुत चीज का निर्माण करते हैं, एक बेहतर व्यावसायिक उत्पाद, एक बेहतर संबंध और बेहतर स्वास्थ्य।

जब चीजें हर तरफ से मुश्किल होने लगती हैं तो हम कुछ कठिन निर्णय लेते हैं, जो हमें हमारे सुविधा-क्षेत्र से बाहर ले जाती हैं। आम तौर पर हम 'करो या मरो' की स्थिति में ही बदलते हैं और कार्रवाई करते हैं। याद रखें, आप अपने जीवन में जितनी भी सफलता चाहते हैं, वे आपके सुविधा-क्षेत्र से बाहर और प्रयास-क्षेत्र के अंदर है।

'यदि आप खुद नहीं बदलते हैं, तो अंत में वास्तविकता आप पर वह बदलाव थोप देती है।'

—स्टुअर्ट वाइल्ड

जरा सोचें। आप अपनी खाने की आदतें बदलकर व्यायाम करना कब आरंभ करते हैं? जब डॉक्टर आपको बताता है कि आपका कॉलेस्ट्रोल का स्तर बहुत बढ़ गया है और जल्दी ही आपको गंभीर बीमारियाँ हो सकती हैं। अचानक आप अपने स्वास्थ्य के प्रति सजग हो जाते हैं! जल्दी ही आप खुद को दिन भर कच्ची सब्जियाँ खाते हुए और

मुँह में पानी लानेवाले स्वादिष्ट खाने की ओर से आँखें फेरते हुए पाते हैं। आप समय निकालकर योग और ध्यान की कक्षाओं में जाने लगते हैं और बाद में एक ऐसी आंतरिक शांति पाते हैं, जो आपने पहले महसूस नहीं की थी और जिससे आपको परमानंद प्राप्त होता है। इस प्रकार, कॉलेस्ट्रोल वह संकट था, जिसने आपको आंतरिक शांति प्राप्त करने पर विवश किया। अन्यथा आपने अपनी व्यस्त दिनचर्या से समय निकाल कर अपनी आंतरिक शांति की तलाश करने के बारे में सोचा भी नहीं होता।

एक व्यवसायी अपने उत्पाद को उत्कृष्टता प्रदान करने के लिए गंभीर शोध कब करता है? जब वह अपने नए प्रतिस्पर्धियों को विद्युत् गति से आगे बढ़ता देखता है, तो व्यवसाय में टिके रहने के लिए वह तुरंत एक बेहतर उत्पाद के निर्माण के लिए नए और अनोखे तरीके सोचने लगता है। जितने अधिक नए तरीके और उत्पाद वह व्यवसायी ला पाएगा, उतनी जल्दी वह आगे बढ़ पाएगा। बदलाव हर एक चीज में आवश्यक है।

हम जीवन में तभी बदलते, बढ़ते और कार्रवाई करते हैं, हम हमारे सामने कोई बड़ा संकट होता है। हम तब तक नहीं बदलना चाहते, जब हमारे जीवन को दुःख पर्याप्त रूप से नहीं छू लेता और हमें कष्ट व दर्द की अच्छी-खासी खुराक नहीं मिल जाती। एक मशहूर वैज्ञानिक ने भी बहुत निराले ढंग से कहा है कि 'दर्द नहीं तो लाभ नहीं' (नो पेन, नो गेन)।

हम खुद को बदलकर कुछ मुश्किल निर्णय तभी लेते हैं, जब हम दुःखी और निराश बने रहने से परेशान हो जाते हैं, थक जाते हैं। लेकिन दिमाग में एक बात रखें कि अंत में सबकुछ ठीक हो जाएगा। अगर ठीक नहीं होता, तो ये अंत नहीं है।

आप यहाँ शिक्षित होने के लिए आए हैं, सजा पाने के लिए नहीं। और आपके पाठ तब तक चलते रहते हैं, जब तक आप इस पृथ्वी पर रहते हैं। इसलिए जीवन को उसी रूप में लें, जिसमें वह आपको मिल रहा है, एक हलके दिन के साथ। आप आगे बढ़ेंगे, भले ही आप एक दिन में सिर्फ एक कदम बढ़ाएँ।

'जीवन संघर्ष बनने के लिए कभी नहीं था। वह तो सिर्फ एक बिंदु से दूसरे बिंदु तक की एक कोमल प्रगति है, जैसे खिली धूप में एक घाटी से गुजरना।'

—स्टुअर्ट वाइल्ड

□

5

लचीलापन : परम शक्ति

इस तेज गति की निरंतर बदलती दुनिया में एक मुस्कान के साथ बने रहने के लिए हमें अपने आस-पास की चीजों के बदलते समय लचीला रहने की आवश्यकता है। एक लोहे का रॉड भी, जो बहुत मजबूत होता है, तापमान में बदलाव से लचीला बन जाता है। इसलिए, ताकत और लचीलापन साथ साथ चलते हैं। प्रकृति ने हमें ऐसा ही बनाया है।

उदाहरण के लिए, जब आप यात्रा करना चाहते हैं, तो अपनी आवश्यकता के अनुसार एक विशेष समय के लिए विमान का टिकट बुक कराने में सक्षम होना ताकत है। लेकिन विमान यातायात को विनियमित करना और विमान के आगमन व प्रस्थान को नियंत्रित करना आपके हाथ में नहीं है। यहाँ, लचीलेपन का अर्थ है कि विमान के आगमन या प्रस्थान में देर होने की स्थिति में बिना परेशान हुए इंतजार करना, बल्कि उस समय का उपयोग अपने पुराने मित्रों से संपर्क स्थापित करने में, कुछ खाने-पीने में, या कोई रचनात्मक अथवा उपयोगी काम करने में करना। आखिरकार, हो सकता है ये आपके जीवन का एक महत्त्वपूर्ण मोड़ साबित हो; क्योंकि कभी-कभी जीवन की सबसे खूबसूरत घटनाएँ तब होती हैं, जब उनकी बिल्कुल भी उम्मीद नहीं होती।

क्या आप जानते थे कि प्रकाशन के इतिहास की सबसे बड़ी सफलताओं में से एक हैरी पॉटर की पुस्तकों की श्रृंखला की रचना करने का विचार लेखिका जे.के. रोलिंग को तब आया, जब वे मैनचेस्टर से लंदन जानेवाली अपनी ट्रेन का इंतजार करते हुए, जो कुछ घंटों के विलंब से चल रही थी, एक कागज के टुकड़े पर बेतरतीब पत्रों के साथ कुछ उधेड़बुन कर रही थीं?

लचीला होने का मतलब है—'मैं चाहता हूँ कि 'अबस' हो; लेकिन यदि 'कखग' होता है तो भी ठीक है।'

लचीला होने का मतलब है, ये सोचना कि—

- 'मैं चाहता हूँ कि फ्लाइट्स समय पर आएँ, लेकिन यदि नहीं आतीं तो मेरी जिंदगी बरबाद नहीं हो जाएगी।'
- 'मैं चाहता हूँ कि सब लोग ईमानदार हों; लेकिन यदि कुछ लोग ईमानदार नहीं हैं, तो मेरा कोई नुकसान नहीं होगा।'

- 'मैं चाहता हूँ कि सब मेरा सम्मान करें; लेकिन यदि कुछ लोग नहीं करते, तो कोई बात नहीं।'

इसलिए, जब आवश्यकता हो, तो लचीले हो जाएँ और जाने दें, क्योंकि जाने देना आपकी मानसिक शांति बनाए रखने में मदद कर सकता है। इसलिए आप किसी और के लिए नहीं, बल्कि खुद के भले के लिए जाने दें।

वह परिस्थिति या आपके आस-पास के लोग नहीं होते, जो आपकी खुशी निर्धारित करते हैं। आप वास्तव में खुश हो सकते हैं, जब आप जाने देते हैं। इसलिए अगली बार आप अपेक्षा करें—

- कि आप और आपके माता-पिता हमेशा हर बात पर सहमत होंगे।
- कि आपका साथी आपका जन्मदिन या शादी की सालगिरह याद रखेगा/रखेगी।
- इस पृथ्वी के सभी मनुष्य हमेशा ईमानदार रहेंगे।
- हर काम हमेशा समय पर पूरा होगा।
- विमान, रेलगाड़ियाँ और लोग हमेशा समय पर आएँगे।
- लोग हमेशा आपकी बातों से सहमत होंगे आदि-आदि।

याद रखें कि जीवन जीने के लिए हर किसी की अपनी विश्वास प्रणाली और रणनीति होती है। चीजें खुद को ठीक करने के लिए अकसर अपने तरीके ढूँढ़ लेती हैं। हम ये अपेक्षा कैसे कर सकते हैं कि हमारें परिवार, हमारे सहयोगी, हमारे कर्मचारी और हमारे मित्र बिल्कुल हमारी तरह हों; जबकि हम जानते हैं कि इस पृथ्वी पर हर एक व्यक्ति अनोखा है?

आम तौर पर जब लोग अपेक्षित व्यवहार नहीं करते, तो हम निराश

हो जाते हैं। कितनी बार हम गुस्से से उबलने लगते हैं, जब लोग हमारी अपेक्षानुसार व्यवहार नहीं करते?

हम जानते हैं कि हम में से हर एक अनोखा और विशिष्ट है, फिर भी हम अपने जीवन साथी, अपने बच्चों और अपने कर्मचारियों को बिल्कुल अपनी तरह बनाने की कोशिश करते हैं और जब वे हमारा अनुसरण नहीं करते तो हम निराश हो जाते हैं। हम भूल जाते हैं कि यदि उन्हें बिल्कुल हमारी तरह ही होना होता तो ईश्वर ने हमारी फोटोकॉपियाँ बना दी होतीं (जो कि ईश्वर के लिए भी आसान होता); लेकिन चूँकि ईश्वर ने ऐसा नहीं किया है, तो इसके पीछे अवश्य कोई तर्क रहा होगा। इसलिए हमें ईश्वर के काम में हस्तक्षेप नहीं करना चाहिए।

यदि हम सब एक जैसा सोचते और हमारी पसंद-नापसंद एक समान होती तो ये दुनिया इतनी खूबसूरत न होती। कल्पना करें कि हम सब को सिर्फ एक पीला रंग ही पसंद होता या सबका पसंदीदा पकवान एक ही होता। वह विविधता जो दुनिया को इतना रंगीन और दिलचस्प बनाती है, नजर नहीं आती। इसलिए अपने आस-पास के सब लोगों को अपने जैसा बनाने का विचार छोड़ दें। चलिए लोगों को बिल्कुल उसी रूप में स्वीकार करें, जैसे वे हैं; क्योंकि वही जीवन जीने का सर्वश्रेष्ठ तरीका है। हम सब की कुछ ताकतें और कुछ कमजोरियाँ हैं। अपने साथी की ताकतों को पहचानें। उनमें से 99 प्रतिशत आपकी कमजोरियाँ हो सकती हैं, इसलिए दोनों की ताकतों को जोड़े और जीवन का सामना एक टीम की तरह करें।

तो जब आप अगली बार सोचें कि यदि आप यहाँ दूसरों का भला करने के लिए हैं, तो दूसरे किसलिए हैं, और हर समय सिर्फ आपसे बदलने की अपेक्षा क्यों की जाती है, किसी और से क्यों नहीं। तो याद

रखें कि खुश रहने के सिर्फ दो तरीके हैं—

1. दुनिया को अपनी धारणाओं के अनुसार बदलें, या
2. स्वयं को बदलें और लचीले बनें।

क्या आपको नहीं लगता कि दुनिया को अपनी पसंद के अनुसार बदलने से कहीं अधिक आसान स्वयं को बदल लेना है?

'यदि आप एक डायनासोर हैं, जो बदलते समय में खुद को बेहतर के लिए नहीं बदलता, तो आप भी विलुप्त हो जाएँगे।

—स्पेंसर जॉनसन

मानसिक लचीलापन सुधारने और बनाए रखने के छह आसान तरीके—

1. अपने कार्यों का विश्लेषण और मूल्यांकन करें

सोचें, आप वे सारे काम क्यों कर रहे हैं, जो आप करते हैं, विशेष रूप से वे जिन्हें करने की आपको आदत है। आपके जीवन पर उनका क्या प्रभाव है, और क्या उन्हें करने का कोई कारण भी है? किसी काम को करने के विभिन्न तरीकों के बारे में सोचना आपको और सक्रिय बना सकता है और इस बात की संभावना हमेशा रहती है कि कोई चीज, जो आपकी आदत बन गई है, वास्तव में आपकी जीवन-शैली को कोई लाभ नहीं पहुँचा रही है। यदि ऐसी बात है तो क्यों न उसे बदल दिया जाए और विभिन्न गतिविधियाँ या काम करने के विभिन्न तरीके आजमाए जाएँ।

2. अलग रास्तों की तलाश करें, जहाँ नियंत्रण छोड़ देना आसान हो

सबके जीवन में कुछ ऐसे पहलू होते हैं, जहाँ वे अन्य लोगों से

अधिक लचीले होते हैं। अपने मानसिक लचीलेपन को सुधारने की शुरुआत करते समय, ऐसे क्षेत्रों की तलाश करें, जहाँ आपके लिए नियंत्रण रखने से ज्यादा आसान आराम से बैठकर सबकुछ देखना हो। ये अपने कार्यों में कुछ अधिक लचीले होकर लाभ प्राप्त करने का अच्छा तरीका है और अंत में आप उन क्षेत्रों में अपने नियंत्रण का परित्याग करने के लिए प्रेरित हो सकते हैं, जहाँ कार्य करना आपके लिए ज्यादा मुश्किल है।

3. अपने ध्यान के केंद्र को बदलें

बदलती स्थिति के साथ अपने ध्यान के केंद्र को बनाए रखने या बदलने की क्षमता एक और महत्त्वपूर्ण कौशल है, जो अनुकूलन क्षमता और लचीलेपन के उच्च स्तर की ओर संकेत करता है। जो लोग किसी चीज पर निरंतर ध्यान बनाए रखते हैं, जो मानसिक रूप से परेशान करनेवाला काम है, वे लंबे समय तक उसके साथ रहनेवाले हैं। इसलिए किसी ऐसी चीज पर ध्यान केंद्रित करें, जो आपके ध्यान को परेशानी से निकाल कर खुशी की ओर ले जाए।

4. स्वयं को पूर्णता के बजाय लचीलेपन के लिए पुरस्कृत करें

जब आपको लगे कि आप ऐसी स्थिति में लचीले रहे हैं, जो आम तौर पर आपके लिए मुश्किल होती है, तो खुद को कोई ऐसा पुरस्कार दें, जिसमें आपको आनंद आता हो। जीवन भर, जब हम पूर्णता प्राप्त करते हैं तो हमें प्रशंसा या पहचान के भौतिक पुरस्कार द्वारा पुरस्कृत किया जाता है। ये एक ऐसी मानसिकता को जन्म दे सकता है, जो पूर्णता से कम किसी चीज के लिए तैयार नहीं होती। खुद को किसी चीज से पूर्णता के बजाय लचीलेपन के साथ निपटने के लिए पुरस्कृत करके आप

इस विचार को पुनर्स्थापित कर सकते हैं कि सिर्फ पूर्णता ही पुरस्कार पाने योग्य होती है।

5. अपनी गलतियों से सीखें

जब काम बिगड़ जाए, तो ये देखना महत्त्वपूर्ण है कि ऐसा क्यों हुआ और ऐसी घटनाओं से बचने के लिए या भविष्य में बेहतर परिणाम पाने के लिए क्या किया जा सकता है। जो लोग किसी आदत की वजह से या खुद को बदलने में सक्षम न होने के कारण नकारात्मक परिणामों की परवाह किए बिना वही काम करना जारी रखते हैं, उनके जीवन में अधिक प्रभावी होने की संभावना नहीं होती और वे उन्हीं गलतियों के कारण निरंतर कष्ट उठा सकते हैं, और इन सब के कारण उनके मानसिक स्वास्थ्य में कमी आ सकती है।

6. दूसरों के दृष्टिकोण से चीजों को देखें

स्वयं को दूसरों के विचारों और मानसिकताओं के प्रति खुला रखकर आप अपने सोचने के तरीके को पूरी तरह बदल सकते हैं और अपने काम में और जीवन में नई और रोमाँचक चीजों का अनुभव कर सकते हैं। भले ही किसी विशेष दृष्टिकोण के प्रति अपनी पहली प्रतिक्रिया में आप उससे सहमत न हों, लेकिन अपनी राय व्यक्त करने से पहले उसके बारे में सोचें और इस संभावना के लिए खुद को खोलें कि इस दूसरे दृष्टिकोण से भी आपको कोई लाभ हो सकता है।

□

6

अपने मित्रों का चयन बुद्धिमत्ता के साथ करें

क्या अपने कभी ध्यान दिया है कि जब आप एक मॉल के सार्वजनिक शौचालय में प्रवेश करते हैं, तो वहाँ की दुर्गंध सहन नहीं कर पाते। फिर भी आप उसे झेलते हुए अंदर चले जाते हैं; क्योंकि आपको शौचालय के इस्तेमाल की सख्त आवश्यकता होती है। लेकिन कुछ देर बाद वह दुर्गंध आपको ज्यादा परेशान नहीं करती! ऐसा इसलिए

होता है, क्योंकि हमें अपने आस-पास के वातावरण की आदत बहुत जल्दी हो जाती है।

इसी प्रकार, यदि आपके मित्रों की झूठ बोलने की बुरी आदत है तो कुछ दिन आप सोच सकते हैं कि झूठ बोलना बुरी बात है, लेकिन कुछ ही समय में आपको उसकी आदत हो जाएगी। जितना अधिक समय आप ऐसे मित्रों के साथ बिताएँगे, उतना ही अधिक आप झूठ के अभ्यस्त होते जाएँगे और फिर एक दिन आपको लगेगा कि झूठ बोलना बिल्कुल सामान्य बात है।

इसलिए ऐसे लोगों का चयन ध्यानपूर्वक करें, जिनके साथ आप अधिक समय बिताने वाले हैं; क्योंकि वे आपके विचारों, आदतों और व्यवहार को सबसे ज्यादा प्रभावित करते हैं। याद रखें, कि आप उन लोगों का प्रतिबिंब बन जाते हैं, जिनके साथ आप अपना अधिकांश समय बिताते हैं। इसलिए ऐसे लोगों का चयन बुद्धिमत्ता के साथ करें।

यदि आप लंबे समय तक दु:खी लोगों के साथ रहेंगे तो आपको लगने लगेगा कि दु:खी रहना सामान्य बात है। एक हारा हुआ व्यक्ति शिकायत करने और गरीब बने रहने में इतना सहज इसलिए महसूस करता है, क्योंकि वह अपने सुविधा-क्षेत्र से बाहर निकल कर परिश्रम नहीं करना चाहता। इसलिए वह उपदेश देता है कि गरीब बने रहने का अर्थ है—आध्यात्मिक रूप से विकसित होना और यह कि ईश्वर गरीब और हारे हुए लोगों को प्यार करते हैं। कुछ ही समय में आप खुद को भी उसके साथ उपदेश देते हुए पाएँगे कि सभी अमीर लोग ठग होते हैं। ऐसे हारे हुए लोगों के साथ अधिक समय बिताएँ, और आप मानने लगेंगे कि पैसा ही सारे पाप की जड़ है।

एक मित्र आपको बना सकता है या बिगाड़ सकता है, क्योंकि आप

खुद से अधिक मित्रों पर विश्वास करने लगते हैं। मैं यह कैसे जानती हूँ? प्रस्तुत है यह उदाहरण—

मान लें कि आपके पास एक छोटा सा व्यवसाय आरंभ करने के लिए एक अद्‌भुत विचार है और आप उत्साहित होकर उसे अपने मित्र के साथ साझा कर लेते हैं। यदि वह एक निराशावादी, मानव-द्वेषी और हतोत्साही व्यक्ति है, तो वह आपको ये समझाने में अपनी संपूर्ण कला का उपयोग करेगा कि आपके विचार में बहुत सी चीजें गड़बड़ हो सकती हैं। इस प्रकार, वह आपको इतना डरा देगा कि अंत में आप बिना दो बार सोचे अपने अद्‌भुत विचार को त्याग देंगे। यदि आप ज्यादा ही बदकिस्मत हैं तो जीवन में जब भी आप कुछ नया करने का सोचेंगे तो उससे सलाह लेंगे और इस प्रकार अपने सभी अद्‌भुत विचारों का परित्याग कर देंगे।

ऐसे लोगों के साथ अपना कीमती समय कम व्यतीत करें, जो एक अनाज के दाने जितनी छोटी सी समस्या को पहाड़ जितनी बड़ी बना देते हैं और चिंता व शिकायत करते रहते हैं; क्योंकि चाहे आप कितने भी सकारात्मक हों, उनकी नकारात्मकता आपको प्रभावित करेगी, और समय के साथ अंततः वे नकारात्मक लोग आपके अवचेतन मन में चल रहे सकारात्मक सॉफ्टवेयर को परिवर्तित कर देंगे। वे वायरस की तरह व्यवहार करते हैं और आपके अवचेतन मन की कार्य-पद्धति को, और फिर अंत में आपकी विचार-प्रणाली को प्रभावित करते हैं। इसलिए सचेत रहें और अपने मन में एंटी वायरस डालें, ताकि आपके नकारात्मक मित्रों और उनके द्वारा निर्मित विचार-प्रणाली को आप जब चाहें, तत्काल नष्ट कर सकें।

अपने पूरे जीवन काल के दौरान हम अपने संबंधों को विभिन्न नाम देते हैं; लेकिन वास्तव में उन सब में हम एक ऐसे मित्र की तलाश करते हैं, जो हम में विश्वास करे और हमारे हर काम में हमें नैतिक रूप

से समर्थन दे। चाहे वह एक स्कूल के मित्र के रूप में हो, एक भाई या बहन हो, प्रेमी या प्रेमिका हो, माता-पिता या जीवन साथी हो, अंदर से हमें एक मित्र की आवश्यकता होती है, जो उस समय हमारा हाथ थाम ले, जब हम किसी मुसीबत की वजह से कमजोर पड़ कर गिरने वाले हों।

चुनौतियों से भरे इस जीवन में एक प्रेरित करनेवाला मित्र सबसे बड़ी दौलत है। उसका समर्थन मिलने पर कोई चुनौती इतनी बड़ी नहीं लगती कि उसका सामना न किया जा सके और हम उससे विजयी होकर निकलते हैं। जब कोई हमें नैतिक रूप से समर्थन देता है, तो हमें जीवन जीने में आसानी होती है, और इसलिए हमेशा कहा जाता है कि हर सफल पुरुष के पीछे एक महिला होती है, और हर सफल महिला के पीछे एक पुरुष। हर सफल छात्र के पीछे एक अच्छा शिक्षक होता है और हर सफल बच्चे के पीछे सहायक माता-पिता।

प्रस्तुत हैं बेहतर मित्रों का चुनाव करने के पाँच तरीके—

1. जिनके साथ घूमते हैं उन्हें बदलें

आपके पास जीवन के विभिन्न हिस्सों के लिए विभिन्न मित्र होते हैं। यदि आप जीवन के ऐसे चरण में आ गए हैं, जहाँ आप खुद का रास्ता निर्धारित करने के प्रति दृढ़प्रतिज्ञ हैं, तो ऐसे लोगों की तलाश करें, जो आपको ये कल्पना करने में मदद करें कि भविष्य कैसा हो सकता है। आप पसंद करें या न करें, आप अपने उन मित्रों के समान हो जाते हैं, जिनके साथ आप समय बिताते हैं। आप अपने जीवन के हर एक क्षेत्र में कहाँ हैं, इस बात का आपकी संगति से बहुत फर्क पड़ता है। आपके मित्र आपके व्यवहार को प्रभावित करने वाले हैं तो क्यों न ऐसे मित्रों का चयन करें, जिनका प्रभाव सकारात्मक होगा!

2. मित्रों के चयन के लिए एक बेंचमार्क परीक्षण स्थापित करें

खुद से पूछें कि इस व्यक्ति के साथ समय बिताने से आप ऊँचाई पर जाएँगे या नीचे आ जाएँगे? क्या इस व्यक्ति के साथ समय बिताने से आपको अपने सर्वश्रेष्ठ रूप में आने में मदद मिलेगी? क्या आप इस व्यक्ति के साथ समय बिताने के बाद ज्यादा खुश रहेंगे? क्या ये व्यक्ति आपको आपके सबसे महत्त्वपूर्ण लक्ष्य हासिल करने में मदद करेगा? यदि नहीं, तो ऐसे मित्र तलाश करें, जो ऐसा कर सकते हों।

3. ऐसे पाँच लोगों की सूची बनाएँ, जो आपको आपके सपने और लक्ष्य हासिल करने में मदद कर सकते हैं

ऐसे पाँच लोगों की सूची बनाएँ, जिन पर आप विश्वास कर सकें कि वे आपकी बात ध्यान से सुनेंगे और उन्हें अपने सपनों व लक्ष्यों के बारे में बताएँ। अपने जीवन का विवरण साझा करने से विश्वास उत्पन्न होता है, और यदि आपको लगता है कि आप अपने सबसे कमजोर हिस्से को अपने सपने को लेकर एक व्यक्ति पर विश्वास नहीं कर सकते, तो मित्र के रूप में किसी और का चुनाव करें।

4. अपना खुद का सलाहकार बोर्ड बनाएँ

मित्रों के एक ऐसे समूह की पहचान करें, जो आपके अंदर सबसे अच्छा पोषण देने में मदद कर सकें। उनसे नियमित रूप से मिलें। सलाहकार बोर्ड ऐसे लोगों से बना होता है, जो आपको ऊपर उठाएँगे, चुनौती देंगे, प्रेरित करेंगे और जिम्मेदार ठहराएँगे।

5. एक गुरु की तलाश करें

क्या आपने कभी ऐसे किसी व्यक्ति से बात की है, जिसका विचार

हो कि आप जितना सोचते हैं, उससे अधिक हासिल कर सकते हैं ? कोई ऐसा जिसने आपको आपके सपनों का पालन करने की अनुमति दी हो ? कोई ऐसा जिसने आप में खुद आपसे ज्यादा देखा हो ? ऐसा ही व्यक्ति वास्तव में एक महान् संरक्षक बन सकता है और आपको लक्ष्य की ओर बढ़ने के लिए प्रोत्साहित कर सकता है।

आप अपने जीवन में जो सबसे अच्छा कदम उठा सकते हैं, वह है खुद को ऐसे दोस्तों से घिरा रखना। वे आप में वह क्षमता देखते हैं, जो शायद आप खुद भी नहीं देख पाते।

इसलिए कुछ समय निकालें और सोचें कि आपके आस-पास के लोग आपके सोचने के तरीके को किस प्रकार प्रभावित कर रहे हैं। यदि वे नकारात्मक और निराशाजनक हैं, तो अपने लिए कुछ सकारात्मक और प्रेरित करनेवाले मित्र खोजें, जिनके साथ आप रचनात्मक विचारों पर चर्चा कर सकें और जो आपके जीवन के लिए एक व्यापक दृष्टि से परिचय करने में आपकी सहायता कर सकें। ये ऐसे लोग होंगे, जो आपको प्रोत्साहित करके हमेशा आप का सर्वश्रेष्ठ बाहर लाएँगे।

और यही वे लोग हैं, जो आपको एक मस्ती भरा जीवन जीना शुरू करने में मदद कर सकते हैं और आपके मन को सकारात्मक विचारों का पोषण दे सकते हैं।

'प्रोत्साहन वह सबसे बेहतरीन उपहार है, जो आप किसी को दे सकते हैं; लेकिन शायद ही किसी को वह प्रोत्साहन मिलता है, जिसकी आवश्यकता उन्हें पूरी क्षमता तक विकसित होने के लिए होती है।'

—सिडनी मेदवेद

□

7

आपका दिल भी प्यार चाहता है

क्या कभी ऐसा हुआ है कि आप देश के बाहर छुट्टियों पर गए हों और आपको बिल्कुल अपने जैसा कोई दिखा हो—बिल्कुल आपके जैसा दिखनेवाला आपके सामने खड़ा हुआ? संभावना यही है

कि आपने नहीं देखा। ऐसा इसलिए, क्योंकि हममें से हर एक मनुष्य अनोखा है। हम दु:खी और निराश तभी महसूस करते हैं, जब हम भूल जाते हैं या मानना छोड़ देते हैं कि हम कितने विशिष्ट और अनोखे हैं।

अपना महत्त्व जान लें तो आपको कभी चोट नहीं पहुँचेगी। आप बेशकीमती हैं। अपने मन में ये बात अवश्य रखें आपकी अनुमति के बिना कोई न आपका अपमान कर सकता है, न आपको कम आँक सकता है। हर चीज को एक सुखद और सफल जीवन जीने के लिए प्रतिक्रिया के रूप में देखें।

हारे हुए लोग उन चीजों पर ध्यान केंद्रित करते हैं, जो उनके पास नहीं हैं या फिर उन सब चीजों पर जो उनके जीवन में गलत हो रही हैं। आप जैसे हैं, खुद को उसी रूप में प्यार करें। आपके पास जो कुछ है उसका भरपूर लाभ उठाएँ, और जो भी करें, उसे अपना शत प्रतिशत दें। सबसे खराब स्थिति में अपना सर्वश्रेष्ठ देना ही चैंपियन होने की असली निशानी है। इसलिए समस्या के बारे में सोचें नहीं; क्योंकि समस्या के बारे में सोचना उसकी गंभीरता को बढ़ा देगा, जबकि समाधान के बारे में सोचना समाधानों की संख्या बढ़ाएगा। आपके सोचने का तरीका आपको विजेता या हारा हुआ बनाता है। चुनाव आपको करना है।

क्या आप जानते हैं कि महान् हिंदी कवि सूरदास नेत्रहीन थे और दुनिया कभी देखी न होने के बावजूद वे इतनी अच्छी वाग्मिता के साथ उसका वर्णन कर सकते थे!

सर्वश्रेष्ठ पाश्चात्य शास्त्रीय संगीत में से कुछ की रचना बीथोवेन ने की थी, जो बहरे थे, और प्रकृति पर कुछ बेहतरीन कविताओं की रचना मिल्टन ने की थीं, जो नेत्रहीन थे।

हम सब के पास वह करने की शक्ति भी है, जो उन्होंने किया और

अद्वितीय क्षमताएँ भी हैं; लेकिन हम अपनी प्रतिभाओं को खिलने की अनुमति नहीं देते और अपना अधिकांश समय अपने बारे में दूसरों की राय सुनने में बरबाद कर देते हैं।

'हर एक व्यक्ति प्रतिभाशाली है। लेकिन यदि आप एक मछली को उसके पेड़ पर चढ़ने की योग्यता से आँकेंगे, तो वह अपना पूरा जीवन ये मानते हुए बिता देगी कि वह मूर्ख है।'

—अल्बर्ट आइंस्टाइन

जब कोई आपके ऊपर कचरा फेंकता है तो आपको उसे अपने साथ लेकर घूमने की और एक कचरा उठानेवाले की तरह महसूस करने की आवश्यकता नहीं है। आप कोई कचरा उठानेवाले नहीं हैं और आपका दिल एक डस्टबिन नहीं है, जहाँ आप दूसरों से मिलनेवाले चोट और दर्द को जमा करके रखें। बल्कि, आप एक शक्ति हैं, जिसके पास एक अद्वितीय योग्यता है। अपनी योग्यता का उपयोग करें, अपने हिस्से की रचनात्मकता इस संसार में जोड़ें और देखें कि जीवन कितना खूबसूरत है!

कोई हमारे मन में विचार नहीं डालता। उन्हें हम ही उत्पन्न करते हैं। दिन में कितनी ही बार हम दुःखी करनेवाले विचारों पर ध्यान केंद्रित करते हैं; अतीत के टूटे हुए रिश्तों, अपमान और दर्द को याद करते हैं या खुद के लिए एक अंधकारमय भविष्य की भविष्यवाणी करते हैं। ये जानते हुए कि इससे हमें कष्ट होगा, हम ऐसा क्यों करते हैं? शायद इसलिए, क्योंकि हम खुद को पर्याप्त प्रेम नहीं करते। विचारों में एक साधारण सा बदलाव हमारे जीवन में बहुत बड़ा बदलाव ला सकता है।

खुशी अपने आप को प्यार करने के बारे में और उन सब विचारों को जो हमारी सहायता नहीं करते या हमें नुकसान पहुँचाते हैं, छोड़ देने

के बारे में है। एक व्यक्ति हर प्रकार की परिस्थिति में खुश रह सकता है। बस, उसे एक सकारात्मक मानसिक प्रवृत्ति की आवश्यकता है। जीवन 10 प्रतिशत वैसा होता है, जैसा आप उसे बनाते हैं और 90 प्रतिशत वैसा जैसा आप उसे लेते हैं।

सबसे पहले खुद को प्यार करें। खुद को सर्वोच्च प्राथमिकता बनाना स्वार्थी प्रतीत हो सकता है; लेकिन वास्तव में ऐसा है नहीं, क्योंकि जितना अधिक आप खुद को प्यार करेंगे और खद की देखभाल करेंगे, उतने ही अधिक स्वस्थ और खुश आप होंगे—भावनात्मक रूप से भी और मानसिक रूप से भी। और जब आपके आस-पास किसी को तनावपूर्ण मानसिक कष्ट का अनुभव हो रहा होगा, तो आप उनको अच्छी तरह सँभाल पाएँगे, और जब वे आपसे नाराज होंगे तो आप धैर्य के साथ उनका सामना कर पाएँगे. यदि माताएँ समय निकाल कर खुद पर ध्यान देंगी और स्वस्थ व मजबूत रहेंगी, तो शायद अपने बच्चों की बेहतर देखभाल कर पाएँगी। इसमें कोई स्वार्थ की भावना नहीं है।

दूसरी ओर, यदि आप खुद से भावनात्मक रूप से खुश नहीं हैं, तो आप दूसरों के साथ धैर्य खो सकते हैं और जल्दी ही सब तनाव में आ सकते हैं। इस समस्या के सर्वोत्तम समाधान के लिए हमेशा याद रखें, यदि आप लोगों को नहीं बदल सकते, तो आपके पास एकमात्र विकल्प है—खुद को बदल लेना।

'आप खुद भी अपने प्रेम और स्नेह के उतने ही अधिकारी हैं, जितना इस ब्रह्मांड में कोई और है।'

—बुद्ध

खुद के बारे में दो ऐसी बातें लिखें, जिनसे आप प्यार करते हैं—

1. ——————————————————————

2. ——————————————————————

खुद के बारे में तीन ऐसी बातें लिखें, जो लोगों को आप में अच्छी लगती हैं—

1. ——————————————————————

2. ——————————————————————

3. ——————————————————————

□

8

माफी : खुशी को मुक्त करने की कुंजी

अगर आप किसी को माफ नहीं करते,
तो तकलीफ आपको ही होगी
आई हेट हिम

क्या आप किसी ने नाराज हैं, क्योंकि उसने आपके साथ कुछ बुरा किया था और क्या आपको लगता है कि वह माफी का अधिकारी नहीं है ? कितनी हास्यास्पद बात है कि हममें से अधिकांश

लोग ये मानते हैं कि यदि हम किसी को माफ नहीं करेंगे तो उन्हें कष्ट होगा; जबकि सच्चाई इसके बिल्कुल विपरीत है···यदि हम किसी को माफ नहीं करते, तो कष्ट हमें होता है।

माफी : खुशी को मुक्त करने की कुंजी

किसी के आपके साथ बुरा करने पर उसे माफ न करना आपको दु:ख के एक लंबे रास्ते पर ले जाएगा और उस पूरी यात्रा में आपको पता भी नहीं चलेगा कि आपके दिमाग में कितने नकारात्मक विचार घूम रहे हैं, और आपको कमजोर, उलझा हुआ एवं निराश बनाते जा रहे हैं।

जब हम किसी को माफ नहीं करते, तो हम उनके जैसे बनने लगते हैं। जितनी अधिक नफरत हम उनसे करते हैं, उतना ही अधिक हम उनके जैसे बनते जाते हैं। हमें पता भी नहीं चलता कि कब हम खुद को एक क्षुब्ध, असभ्य और हृदयहीन व्यक्ति के रूप में बदल लेते हैं।

'हम जैसा सोचते हैं, वैसे ही बन जाते हैं।'

—अज्ञात

क्या आपने ध्यान दिया है कि जब आप किसी पर गुस्सा होते हैं तो लाल होने लगते हैं और आपके शरीर का तापमान बढ़ जाता है? ऐसी स्थिति में नफरत शरीर की प्रत्येक कोशिका में प्रवेश कर लेती है और बीमारी के पनपने व फैलने के लिए आदर्श वातावरण बना देती है। इसीलिए क्षमाशीलता का अभाव बीमारी के सबसे बड़े कारणों में से एक है। एक कड़वा मन देर-सबेर, जो कि कड़वाहट की सीमा पर निर्भर करता है—शरीर को कड़वा बना ही देता है।

मान लेते हैं आपकी गर्लफ्रेंड ने आपको किसी और लड़के के लिए छोड़ दिया या आपका बॉयफ्रेंड आपको धोखा दे रहा था अथवा आपके

बॉस ने आपका अपमान किया। आप कहते हैं कि आप उनसे नफरत करते हैं और उन्हें कभी माफ नहीं करेंगे। इसमें किसका नुकसान होता है? निस्संदेह आपका! वे आप हैं, जो रात को देर तक जागते हुए उनके बारे में कड़वी बातें सोचते रहेंगे और यदि आप उन्हें ज्यादा ही नफरत करते हैं तो वे आपके बुरे सपनों में भी आएँगे।

मनुष्यों के रूप में, गलतियाँ करना हमारे लिए पूर्णतः स्वाभाविक है। लेकिन आज, कितने बच्चे अपने माता-पिता को माफ करने के लिए तैयार हैं? कितने बॉयफ्रेंड्स अपनी पूर्व गर्लफ्रेंड्स की दी हुई चोटों को भुलाने के लिए तैयार हैं? कितनी पत्नियाँ अपने पतियों की पुरानी गलतियों को अभी तक दिल में लेकर बैठी हैं?

माफ करना सबसे मुश्किल काम हो सकता है; लेकिन हमें माफ करना होगा, अपने भले के लिए।

किसी को माफ करने के लिए आपको उससे पूरी तरह सहमत होने की आवश्यकता नहीं है, जो उसने आपके साथ किया; न ही आपको ये स्वीकार करने की आवश्यकता है कि उसने जो किया वह नैतिकता की दृष्टि से सही है। आपको सिर्फ उसे भूल कर जाने देना है, क्योंकि जीवन में कुछ चीजों से छुटकारा पाना आपकी भलाई के लिए ही होता है।

माफ न करने का अर्थ होता है—अपने दुःख के लिए किसी को दोष देना, और कौन कहता है किसी को दोष देना आपको कहीं नहीं ले जाता! ये निश्चित रूप से आपको अस्पताल ले जाता है। चिंता, तनाव, अल्सर, उच्च रक्तचाप और पेट में मरोड़ से वह व्यक्ति ग्रस्त नहीं होगा, जिसे आपने माफ नहीं किया है; बल्कि यदि आप भूलेंगे नहीं और माफ नहीं करेंगे तो वह आप होंगे, जो इनमें से एक या अधिक समस्याओं की चपेट में आ जाएँगे।

- सर्दियों में क्या हमारे लिए अच्छा होगा, यदि हम स्वेटर न पहनें और ठंडे मौसम को दोष दें?
- क्या गंदी सड़कों के बारे में शिकायत करने से कोई फायदा होगा, यदि हम जूते पहनकर बाहर जाने के बजाय नंगे पाँव ही बाहर निकल जाएँ?

यदि नहीं, तो किसी को अपनी भावनात्मक चोटों के लिए दोष देने से कैसे फायदा हो सकता है?

दोष देने से कभी किसी का फायदा नहीं हुआ है। फायदा होता है अपने जीवन को बदलने की 100 प्रतिशत जिम्मेदारी लेने से। और आपके बदलना शुरू करने पर जो चमत्कार होने लगते हैं, वे आपको विस्मित कर देंगे। आपके आस-पास के लोग बदल जाएँगे। ये सार्वभौमिक कानून है। जब आप उनसे अलग तरह का व्यवहार करने लगेंगे तो वे भी अलग तरह से प्रतिक्रिया व्यक्त करेंगे। जब आप पहले जैसे नहीं रहे तो वे कैसे रह सकते हैं?

'अपने जीवन के प्रति जिम्मेदारी को स्वीकार करें। ये जान लें कि आप खुद ही अपने को वहाँ ले जा सकते हैं, जहाँ आप जाना चाहते हैं—और कोई नहीं।'

—लेस ब्राउन

अंततः हमें अँधेरे से खुशी की ओर कदम बढ़ाने की क्षमता विकसित करनी होगी और ऐसा तभी संभव है, जब हम उन चीजों को जाने दें, जो हमें दुःख देती हैं। उतार-चढ़ाव तो होंगे ही; किसी का जीवन एक सीधी लकीर के ग्राफ की तरह नहीं होता। हम सब सफलताओं एवं असफलताओं के दौर से गुजरते हैं, और फिर भी, अधिकांश लोग सोचते

हैं कि उनके जीवन की कहानी सबसे दुःखद है, और उनकी समस्याएँ सबसे बड़ी हैं।

लेकिन माफ करना इतना मुश्किल क्यों होता है ?

उस समय दुःखी होना मानव प्रवृत्ति है, जब हम किसी को कुछ देते हैं और बदले में हमें कुछ नहीं मिलता। वह पैसा, प्यार, देखभाल, सहायता, सलाह, आभार, प्रशंसा या सिर्फ एक मुस्कान—कुछ भी हो सकता है। हम दुःखी होते हैं, क्योंकि हमें लगता है कि हमारे साथ धोखा हुआ है या हमारा नुकसान हुआ है। लेकिन मैं आपको याद दिलाना चाहूँगी कि हम और किसी चीज से नहीं, बल्कि सिर्फ ऊर्जा से बने हैं। आपका प्यार ऊर्जा है, आपकी देखभाल ऊर्जा है, और आपकी नफरत भी ऊर्जा है। जब आप किसी को प्यार की ऊर्जा देते हैं तो उसे आपके पास गुना हो कर लौटना होता है—या तो उसी व्यक्ति के पास से या किसी और से। यह एक सार्वभौमिक नियम है कि जो ऊर्जा आप उत्सर्जित करते हैं, वह कई गुना बढ़कर आपके पास आ जाएगी—यदि आज नहीं, तो शायद एक साल बाद। लेकिन वह निश्चित रूप से आपके पास लौट कर आएगी।

हम प्रेम भरी बाल्टियाँ नहीं हैं, जो समय के साथ खाली हो जाएँगी; बल्कि हम प्रेम के महासागर हैं, असीमित। इसलिए चाहे हमारे जीवन में कुछ भी हुआ हो, हमारे पास हमारा प्यार, खुशी, हँसी, या काम से काम एक मुसकराहट साझा करने का विकल्प तो होता ही है। आप देखेंगे कि जितना अधिक आप बाँटते हैं, उतना बेहतर महसूस करते हैं। आज से ही दूसरों को देना शुरू कर दें, जो आप अपने जीवन में वापस चाहते हैं। लोगों को उस तरह प्यार करें, जिस तरह आप खुद प्यार पाना चाहते हैं। उन चीजों के बारे में चिंता न करें जो आप जीवन में खो चुके हैं या

भविष्य में खो सकते हैं। अंत में, आपके पास न कुछ घटता है और न बढ़ता है, क्योंकि आपका खाता ब्रह्मांड द्वारा प्रबंधित होता है और लाख रुपए का तथ्य ये है कि ब्रह्मांड कभी गलत नहीं हो सकता। वह कभी छुट्टी पर नहीं जाता, इसलिए जितनी बार आप ऊर्जा बाहर देंगे, आपका खाता अपडेट कर दिया जाएगा।

जीवन के जोड़-घटाव समझने के बाद क्या माफी एक आसान काम रह जाती है? बिल्कुल नहीं; लेकिन आपको समझना चाहिए कि आप माफ किसी और के भले के लिए नहीं बल्कि खुद के भले के लिए करते हैं।

'अक्षमाशीलता वह जहर है, जो आप हर रोज इस उम्मीद के साथ पीते हैं कि दूसरा व्यक्ति मर जाएगा।'

—डेबी फोर्ड

हालात अनुचित हो सकते हैं, किसी ने आपको चोट पहुँचाई हो सकती है, धोखा दिया हो सकता है या ऐसा बरताव किया हो सकता है, जिसने आपका दिल तोड़ दिया हो और माफी आपके लिए इस धरती का सबसे मुश्किल काम हो सकती है। लेकिन ये विचार आपको प्रेरित कर सकता है कि आप पहले ही बहुत कुछ सहन कर चुके हैं और आपके लिए ये उचित नहीं है कि किसी को माफ न करके खुद को और अधिक पीड़ा पहुँचाएँ। आप और अधिक दर्द के अधिकारी नहीं हैं।

हम सितारों की तरह चमकने के लिए बने हैं; लेकिन हममें से अधिकांश लोग अपना समय और ऊर्जा नफरत और शिकायत करने में बिता देते हैं। चीजों को भूल कर आगे बढ़ें! आप माफी को जितना टालते हैं, उतना ही आप खुशी और सफलता को भी टालते हैं। यदि हम

किसी ऐसे व्यक्ति से नफरत करने में थक जाते हैं, जो हमारे लायक भी नहीं है, तो हम अपने सपने पूरे करने के लिए ऊर्जा कहाँ से लाएँगे? और फिर, हम घोषणा करते हैं कि हम कमजोर हैं। तथ्य ये है कि हम कमजोर नहीं हैं। बस, हम अपनी ऊर्जा गलत लोगों में डाल देते हैं, जो इतना ध्यान पाने की विलासिता के अधिकारी नहीं हैं।

माफ करने के कुछ आसान तरीके—

1. सोने जाने से पहले चेतनावस्था में दिन भर के गुस्से और भावनात्मक घावों को जाने दें। हर शाम को एक नए दिन के आरंभ के रूप में देखें। सोने से पहले 'दस बार मैं तुम्हें माफ करता हूँ', अपनी भलाई और सफलता के लिए कहने का आसान सा नियम बना लें।
2. अपने सबसे हालिया अनुभव का सामना करें, जहाँ माफ नहीं किया गया था। स्वीकृति भी आपकी मदद कर सकती है। जब आप माफ नहीं कर सकते तो भूल जाएँ, क्योंकि समय आपको स्वस्थ कर देगा।
3. किसी ऐसे व्यक्ति को पत्र लिखें, जिसे माफ करने के लिए आप संघर्ष कर रहे हों। साफ साफ बताएँ कि घाव क्या है। क्यों वह अभी भी दर्द देता है, और क्यों उसे माफ करना मुश्किल है। कल्पना करें कि आप इस मुश्किल को उठाकर ईश्वर को दे रहे हैं। फिर उस पत्र को जला दें और उसकी राख बिखेर दें। अपने दुश्मनों को शुभकामनाएँ दें।
4. मैं चाहता हूँ कि आप ये छोटा सा अभ्यास करने का प्रयास करें—

   अपने जीवन में मौजूद उन सब लोगों की एक मानसिक सूची

बनाएँ, जिनसे आपको शिकायत है। अपनी आँखें बंद करें और कल्पना करें कि ऊर्जा का एक नकारात्मक कॉर्ड (सक्रिय असंतोष) आपको उस व्यक्ति से जोड़ रहा है। अब एक गहरी साँस लें और देखें कि वह कॉर्ड कट रहा है और आप दोनों कोमलतापूर्वक अलग हो रहे हैं तथा नकारात्मक ऊर्जा के बंधन को तोड़ रहे हैं। निरंतर ऐसा करते रहें, जब तक कि आपको ऐसा न लगे कि आपने इस अनुभव को मुक्त कर दिया है। चुपचाप दोहराएँ, मैं आजाद हूँ। इस मुक्त करने की प्रक्रिया को आवश्यकतानुसार दोहराते रहें और अपने जीवन में आते बदलावों को देखें।

हमेशा याद रखें, माफी माफ करनेवाले के लिए होती है।

□

9

अपराध-बोध : सार्वभौमिक वायरस

हेल्प!!
सही सोच से आजादी मिलती है।
गलत सोच गुरुत्वाकर्षण जैसा काम
करती है और जीवन में आपको
धराशायी करती है!!

हम सब दूसरे मौके के अधिकारी होते हैं। अपराध-भावना से खुद को चोट पहुँचाने से कोई लाभ नहीं होता।

मनुष्यों के रूप में हम सब गलतियाँ करते हैं और जीवन को अपने सर्वोत्तम ज्ञान के साथ जीते हैं। कोई भी व्यक्ति अपने या किसी और के

जीवन में परेशानी खड़ी करने के इरादे से गलतियाँ नहीं करता। कभी कभी हम मूर्खतापूर्ण कार्य करते हैं और विनाशकारी गलतियाँ कर देते हैं, सिर्फ इसलिए क्योंकि हम सिर्फ उसी तरह से जीवन जीना जानते हैं।

कोई भी अपने खुद के जीवन में उलझनें नहीं पैदा करना चाहता। बात सिर्फ इतनी होती है कि उनके पास एक खुशहाल व स्वस्थ जीवन जीने के लिए पर्याप्त ज्ञान नहीं होता। हम मनुष्य हैं, रोबोट नहीं जिनके अंदर एक त्रुटिहीन सॉफ्टवेयर अनुप्रयोग डाल दिया जाता है। हमारे लिए नई नई गलतियाँ करना और हर बार उनसे कुछ सीखना स्वाभाविक है। लेकिन हमें यह सुनिश्चित करना चाहिए कि हम कभी उन्हीं गलतियों को दोहराएँ नहीं। आखिरकार, हमारे पास करने के लिए असीमित गलतियाँ हैं, तो उन्हीं गलतियों को बार-बार क्यों दोहराएँ?

किसी को गलतियाँ करना अच्छा नहीं लगता। लेकिन यदि आप पूर्ण रूप से वैराग्य का जीवन नहीं जीना चाहते, तो समय समय पर आपका गलतियाँ करना तय है। यदि आप अपनी गलतियों से सही सीख लेते हैं तो वे आपको आगे बढ़ा सकती हैं। आपको ये भी समझना चाहिए कि गलतियाँ आत्म-सुधार का अनिवार्य हिस्सा हैं। अफसोस और अपराध-भाव से अभिभूत न हों; इस बात का विश्लेषण करें कि आप उनसे कैसे सीख सकते हैं।

चाहे हमारी गलतियाँ कितनी भी बड़ी हों, हम सब दूसरा अवसर पाने के अधिकारी हैं, और आप भी अपवाद नहीं हैं। इसलिए यदि आपने कोई गलती की है, तो ये आपके लिए एकमात्र सजा है—अब से एक बेहतर व्यक्ति बन जाएँ।

'एक समृद्ध अपराध-बोध से बड़ी कोई सजा नहीं है।'

—विलियम ई. चेनिंग

यदि आपने ऐसी गलतियाँ की हैं, जिनसे दूसरों का नुकसान हो रहा है, तो एक सम्मानजनक माफी की पेशकश करना महत्त्वपूर्ण है। माफी माँगते समय स्पष्ट करें कि वह एक दुर्भाग्यपूर्ण घटना थी, जो दोहराई नहीं जाएगी। एक अच्छी माफी विश्वास बहाल करने में बहुत मदद कर सकती है।

यदि आप शर्मिंदगी या अनिच्छा के कारण माफी नहीं माँगेंगे, तो आहत व्यक्ति इस बात को आपके खिलाफ मन में दबा कर रखेगा। यदि आपकी माफी में ईमानदारी है तो संभावना है कि वह आपको माफ कर दे। सामने जाकर व्यक्तिगत रूप से माफी माँगना एक रूखे इ-मेल के माध्यम से माफी माँगने से अधिक प्रभावी होता है। हालाँकि एक बार माफी माँग लेने के बाद उसी बात के लिए बार-बार खेद प्रकट करना गलत होता है। कुछ लोग एक ही बात के लिए बार-बार माफी माँगते रहते हैं। इससे सामनेवाला परेशान हो जाता है। इससे बेहतर है कि आप एक बार ईमानदारी से माफी माँगकर आगे बढ़ जाएँ।

दुर्भाग्य से अपने कृत्यों का औचित्य साबित करना हमारी स्वाभाविक प्रवृत्ति होती है। जब आप कोई गलती करते हैं, तो पहली प्रतिक्रिया होती है किसी और को दोषी ठहराना।

'हाँ, मैं दीवार में अपनी कार भिड़ा दी; लेकिन इसमें पूरी गलती मेरे दोस्त की थी, जो लगातार बोल-बोलकर मेरा ध्यान भंग कर रहा था।

जब गलतियाँ होती हैं तो स्पष्टीकरण में आपके बॉस की शायद ही कभी दिलचस्पी होती है। हम अपनी गलतियों को सही साबित करने की कोशिश करते हैं, अपने अहं के कारण। कभी-कभी सीधे से ये कह देना सबसे अच्छा होता है कि हाँ, मुझसे गलती हो गई।

आपको गलतियाँ करने पर अपराध-भाव महसूस करने से बचना

चाहिए; लेकिन साथ ही आपको उनसे सबक लेने का संकल्प भी लेना चाहिए। यदि आप वही गलतियाँ बार-बार दोहराते रहते हैं तो इसका मतलब है कि आप प्रगति नहीं कर रहे हैं और इससे आपको बार-बार पीड़ा होती है।

कई बार गलतियाँ बुरी आदतों के कारण होती हैं। उन्हीं गलतियों को बार-बार दोहराने से बचने के लिए आपको ये बुरी आदतें छोड़नी होंगी। इसके लिए आपको ध्यानपूर्वक विचार और निरंतर प्रयास करके अपने सोचने का तरीका बदलना होगा। हालाँकि जितनी जल्दी आप अपनी आदतें बदलेंगे, उतनी ही जल्दी अपनी गलतियाँ दोहराने से बचने लगेंगे।

□

10

निराश लोग, मैं क्यों?

यदि आप इस उम्मीद में अपनी खुशी को टालते रहते हैं कि दूसरे बदल जाएँगे, तो आप आजीवन खुशी नहीं पा सकेंगे!!

यदि आप दूसरों के बदलने के इंतजार में अपनी खुशी को स्थगित रखेंगे, तो आप जीवित रहते कभी खुश नहीं रह पाएँगे।

हममें से प्रत्येक व्यक्ति इस धरती पर एक बेहतर मनुष्य बनने के लिए है और एक सकारात्मक बदलाव हम सब के लिए आपके लिए भी एक स्वाभाविक प्रक्रिया है।

लेकिन जब आप किसी को बदलने का प्रयास करते हैं और असफल हो जाते हैं तो इसका मतलब ये कदापि नहीं है कि आप सारी उम्मीदें छोड़ दें—अपने बॉस से, अपने जीवन साथी से या किसी और से। इसका मतलब सिर्फ ये है कि आपको तब तक धैर्य रखने की आवश्यकता है, जब तक उनके दिमाग में सही सॉफ्टवेयर नहीं चलने लगता, और तब तक आपको उनके सकारात्मक बिंदुओं पर ध्यान केंद्रित करना चाहिए और किसी के बदलने का इंतजार करते हुए अपनी खुशी पाने का प्रयास करते रहना चाहिए। इसका मतलब है—अपने लिए एक जीवन पाना और धैर्यपूर्वक किसी के बदलने का इंतजार करते हुए खुद को भरपूर प्यार और देखभाल देना, क्योंकि आप उसके अधिकारी हैं।

लेकिन सकारात्मक बदलाव एक स्वाभाविक प्रक्रिया कैसे है?

आमतौर पर बदलाव स्पष्ट रूप से परिभाषित चरणों में आता है—

1. मूर्खता, जिसके पीछे आती है
2. असफलता और फिर
3. निराशा या अवसाद; और अंत में
4. बुद्धि!

जब लोग परेशान होते-होते थक जाते हैं तो वे बदल जाते हैं।

हममें से अधिकांश को इनमें से प्रत्येक चरण से गुजरने की आवश्यकता होती है। भले ही इस प्रक्रिया में आपका सिर फूट जाए, लेकिन उपर्युक्त चार चरणों का उल्लंघन करके किसी को बदलना शायद संभव न हो। अधिकतर लोग बदलने के लिए तब तक इंतजार करते रहते

हैं, जब तक वे कुछ विफलताओं का सामना करके निराश नहीं हो जाते।

जिस प्रकार हम घर से निकलने से पहले सारी ट्रैफिक लाइट्स के हरा होने का इंतजार नहीं कर सकते, उसी प्रकार हमें खुशी देनेवाली गतिविधियों को अपने आस-पास के लोगों के कारण टालना छोड़ देना चाहिए। उन्हें बदलने के लिए जितना समय चाहिए, लेने दें; लेकिन तब तक, हमें अपने जीवन में चलते रहना चाहिए।

क्या होता है, जब आप किसी को बदलने का प्रयास करते हैं और सफल नहीं होते? आप निराश हो जाते हैं और वे आपसे नाराज हो जाते हैं—और फिर दोनों एक-दूसरे से नफरत करने लगते हैं। हम यहाँ युद्ध शुरू करने नहीं आए हैं। हम यहाँ हैं—जीवन के प्रवाह के साथ चलने के लिए और लोगों को उसी तरह स्वीकार करने के लिए, जैसे वे हैं। हमारे आस-पास लाखों लोग हैं और यदि वे सभी आपकी तरह होशियार, बुद्धिमान और अनुशासित होंगे, तो मजा क्या रहेगा! सबकी अपनी गति और समझ का स्तर होता है और सबको बदलने के लिए अपने खुद के समय की आवश्यकता होती है। यदि उन्हें वास्तव में आपकी मदद की आवश्यकता होगी, तो वे आपसे अवश्य कहेंगे, और तब आपके लिए जीवन जीने के तरीकों के बारे में अपने ज्ञान का प्रदर्शन करने का समय होगा। तब तक, उन्हें उनके तरीके से जीने दें और वे जैसे हैं, उन्हें उसी रूप में स्वीकार करें।

'दीवार को पीटने में समय बरबाद न करें, इस उम्मीद में कि वह दरवाजे में परिवर्तित हो जाएगी।'

—लॉरा श्लेसिंगर

हम सब इस धरती पर विकसित होने के लिए हैं। हालाँकि हमें

अपने आस-पास कुछ जिद्दी लोग मिल सकते हैं, जो निराशाजनक प्रतीत हो सकते हैं; लेकिन आप देखेंगे कि वे भी आत्मज्ञान के माध्यम से बेहतर के लिए बदल जाते हैं। हाँ, उसकी प्रक्रिया थोड़ी धीमी से अत्यधिक धीमी के बीच हो सकती है, लेकिन बदलाव होता निश्चित रूप से है।

मनुष्य जीवन को जटिल बना देते हैं। खुद को खुशी देने के लिए हम किसी को पूरे दिल से प्यार करना चाहते हैं, ताकि हमें वह प्यार वापस मिल सके। ऐसा करने के बजाय हम खुद के साथ राजाओं की तरह बरताव करके खुशी क्यों नहीं प्राप्त करते, जैसे अपनी पसंद की चॉकलेट खाना, अपनी मालिश करवाना और एक ध्यान के अनुभव की खोज करना? हमारे पास कोई ऐसा होना चाहिए, जो हमें प्यार करे और एक परवाह भरा हाथ आगे बढ़ाए, जो जीवन के हर उतार चढ़ाव में हमें थाम ले, और हमें पूरा अधिकार है कि हम उस व्यक्ति का इंतजार करें या अपने आस-पास मौजूद किसी व्यक्ति के एक प्यार और परवाह करनेवाले साथी के रूप में बदलने का धैर्यपूर्वक इंतजार करें। लेकिन हमें ये अधिकार नहीं है कि हम अपनी खुशी को टाल कर और बेरंग जीवन बिता कर क्रोध, निराशा, उच्च तनाव एवं गहरे घावों के साथ जीते रहें और खुद के साथ अन्याय करें।

अच्छी खबर ये है कि जब आप बदलते हैं, तो वे और तेजी से बदलते हैं; क्योंकि जब आप पहले जैसे नहीं हैं, तो वे आपसे पहले की तरह व्यवहार कैसे कर सकते हैं? खुशी, हँसी और मुसकराहटें संक्रामक होती हैं और आपके आस-पास के लोगों को संक्रमित व प्रभावित कर सकती हैं।

अपने आस-पास के लोगों में आपने दो तरह के लोग देखे होंगे—

1. एक वे, जो दूसरों की गलतियों से सबक लेकर अपना व्यवहार बदल लेते हैं (हालाँकि ऐसे लोग दुर्लभ होते हैं, फिर भी कुछ होते हैं) और

2. दूसरे वे, जो बदलने के लिए आपदाओं और विफलताओं के आने का इंतजार करते हैं।

इन दोनों में से कोई भी नहीं चाहेगा कि आप उन्हें जीवन जीने का तरीका सिखाएँ। इनमें से किसी को आपकी सलाह की आवश्यकता नहीं होगी। इसलिए लोगों को खुद गलतियाँ करके उनसे सीख लेने दें।

माता-पिता के रूप में, आपको कभी-कभी अपने बच्चों को सलाह देने की आवश्यकता होती है, क्योंकि वे जीवन के ताने-बाने को समझने के लिए पर्याप्त रूप से परिपक्व नहीं होते। उनके अलावा, बाकी सब लोगों को गलतियाँ करके उनकी अपनी गति से सीख लेने दें। और किसी दूसरे के बदलने के इंतजार में अपनी खुशियों को कभी न टालें।

'एक गंभीर विश्वास, जो हर व्यक्ति को होना चाहिए, वह ये है कि किसी भी बात को बहुत अधिक गंभीरता से नहीं लेना चाहिए।'

—सैमुएल

□

11

स्पीड ब्रेकर्स, लेकिन शो स्टॉपर नहीं

जीवन कैसा होता, यदि हमें किसी चीज के लिए अधिक मेहनत नहीं करनी पड़ती और सबकुछ एक बटन दबाने पर उपलब्ध हो जाता ?

क्या ये अच्छा नहीं होता कि हमें कोई काम नहीं करना पड़ता और हम जिस चीज के लिए कहते हमें तुरंत दे दी जाती ? कभी भी समस्याओं या बाधाओं का सामना न करने की वजह से हम हफ्तों छुट्टियों के स्थलों पर आराम करते। हम शायद समुद्र-तटों पर धूप में आराम करते रहते और कोई काम नहीं करते।

खैर, मैं शर्त लगा सकती हूँ कि कुछ साल आलस्य में बिताने के बाद आप व्यग्रता से चुनौतियों की तलाश करने लगेंगे, क्योंकि बाधाओं के बिना जीवन में कोई मजा नहीं है। मैं ऐसा कैसे कह सकती हूँ ?

एक पल के लिए मान लीजिए कि आप एक बहुत अच्छे फुटबॉल खिलाड़ी हैं और मैदान में बिल्कुल अकेले खेल रहे हैं। लेकिन संभावना है कि सैकड़ों गोल मारने के बाद भी आप खुद को अयोग्य समझेंगे,

और आपको निश्चित रूप से जीत का रोमांच नहीं महसूस होगा, क्योंकि आपके खिलाफ खेलनेवाली कोई विरोधी टीम नहीं होगी। इसी प्रकार, यदि जीवन में सबकुछ आसानी से, बिना बाधाओं का सामना किए मिल जाए तो कुछ प्राप्त करने में रोमांच नहीं महसूस होगा।

तो अब तक आप ये बात समझ चुके होंगे कि हर वह बाधा, जिसका सामना आप वर्तमान में कर रहे हैं, वास्तव में आपके जीवन को मजेदार बना रही है। बाधाएँ तोड़ने के लिए होती हैं, ये दिखाने के लिए होती हैं कि आप कितने मजबूत, कुशल और अद्‌भुत हैं।

हम चुनौतियों का सामना करने के लिए और हर उस समस्या का सामना करने के लिए, जो जीवन हमारी ओर भेजता है, विशेष रूप से तैयार किए गए हैं। जब हम स्कूल में थे तो हम अपनी रचनात्मकता का

अधिकतम उपयोग करते थे। परीक्षाओं में हम उन प्रश्नों के उत्तर लिखने में भी कई पन्ने भर देते थे, जो हमने अपनी कक्षा में कभी सुने भी नहीं थे। लेकिन जैसे-जैसे हम बड़े होते हैं, हम अपने आपको कम करके आँकने लगते हैं और समस्याएँ सुलझाने की तथा मुद्दों का सामना करने की अपनी स्वाभाविक क्षमता को कम समझने लगते हैं। यथार्थ में हर वह बाधा, जो हमारा रास्ता रोकती है, तोड़ी जाने के लिए बनी है; लेकिन कई बार वह हमें तोड़ देती है। इसी समय सोचें कि क्या जीवन में कोई ऐसी चीज है, जो आपको वह पाने से रोक रही है, जो आप चाहते हैं, क्या कोई ऐसी चीज है, जो आपकी सफलता, खुशी और मानसिक शांति की राह में रुकावट डाल रही है ? क्या आप उस रुकावट के सामने खुद को असहाय महसूस कर रहे हैं ? यदि हाँ, तो खुद को याद दिलाएँ कि आपके पास उसे तोड़कर आगे बढ़ने की भरपूर ताकत है। जिस प्रकार ऐसा कोई ताला नहीं है, जो एक विशेष चाभी से खोला न जा सके, उसी प्रकार धरती पर ऐसी कोई रुकावट नहीं है, जो तोड़ी न जा सके। हाँ, कभी-कभी उसे तोड़ना मुश्किल हो सकता है, लेकिन असंभव कभी नहीं।

यदि हम अपने भीतर की आवाज को ध्यान से सुनें, तो वह चुपके से फुसफुसाती है—चलो, एक बार और कोशिश करें; क्यों न एक बार और यह करके देखें ? क्योंकि अपने मन की गहराई से हम जानते हैं कि ये संभव है।

और अधिकांश अवसरों पर, वह गुच्छे की अंतिम चाभी ही होती है जो ताले को खोलती है।

अमेरिकी फिल्मों के मशहूर सितारे सिल्वेस्टर स्टेलोन को अपने कॅरियर के आरंभिक दिनों में बहुत संघर्ष करना पड़ा था। यहाँ तक कि तीन दिनों तक उन्हें बेघर हो कर रहना पड़ा था और न्यूयॉर्क बस स्टेशन

पर सोना पड़ा था, क्योंकि उनके पास किराया देने के या खाना खाने के पैसे नहीं थे। उनके जीवन का सबसे बुरा समय वह था, जब उन्हें अपना कुत्ता सिर्फ 25 डॉलर में बेचना पड़ा, क्योंकि उनके पास उसे खाना खिलाने के पैसे नहीं थे।

दो हफ्ते बाद उन्होंने मोहम्मद अली और चक वेप्नेर के बीच एक बॉक्सिंग मैच देखा और उस मैच ने उन्हें मशहूर फिल्म 'रॉकी' की पटकथा लिखने के लिए प्रेरित किया। उन्होंने बीस घंटे तक पटकथा लिखी। जब उन्होंने उसे बेचने की कोशिश की तो उन्हें 1,25,000 डॉलर का प्रस्ताव मिला। लेकिन उनकी एक शर्त थी कि वे फिल्म में खुद अभिनय करना चाहते थे। वे रॉकी की मुख्य भूमिका अभिनीत करना चाहते थे। स्टूडियो ने इस शर्त को खारिज कर दिया, क्योंकि वे फिल्म में एक असली सितारे को लेना चाहते थे।

कुछ हफ्तों के बाद स्टूडियो ने उन्हें उनकी पटकथा के लिए 2,50,000 डॉलर की पेशकश की, लेकिन उन्होंने मना कर दिया। उन्होंने अपनी पेशकश 3,50,000 डॉलर तक बढ़ा दी, फिर भी वे नहीं माने। वे लोग सिर्फ उनकी पटकथा चाहते थे, उन्हें फिल्म में नहीं लेना चाहते थे। वे हर कीमत को ठुकराते रहे, क्योंकि वे खुद फिल्म में रहना चाहते थे। कुछ समय बाद स्टूडियोवाले मान गए, पटकथा के लिए उन्हें सिर्फ 35,000 डॉलर दिए और फिल्म में मुख्य भूमिका करने की अनुमति दे दी। आगे जो हुआ वह इतिहास है।

फिल्म ने प्रतिष्ठित ऑस्कर अवार्ड्स में सर्वश्रेष्ठ फिल्म, सर्वश्रेष्ठ निर्देशन और सर्वश्रेष्ठ फिल्म संपादन के पुरस्कार जीते। स्टेलोन को सर्वश्रेष्ठ अभिनेता के लिए नामित किया गया।

क्या आप जानते हैं कि 35,000 डॉलर से उन्होंने सबसे पहले क्या

खरीदा ? वह कुत्ता, जो उन्हें बेचना पड़ा था। स्टेलोन उसे इतना प्यार करते थे कि उन्होंने उसे 15,000 डॉलर देकर खरीदा। उस कुत्ते को, जिसे उन्होंने 25 डॉलर में बेचा था।

'किसी से भी असफलता का वादा नहीं किया जाता। तो फिर एक अवसर क्यों न दिया जाए ?'

—**अज्ञात**

इसलिए जब अगली बार आप चुनौतियों के बिना जीवन की इच्छा करें तो खुद को याद दिला दें कि आप एक नीरस व बोरिंग जीवन के इच्छुक हैं और ऐसा कौन चाहता है ? आपका जीवन जब खुलता है तो अद्‌भुत होता है। आपको सिर्फ अपनी कमर हिला कर खुद को फैलाने के लिए तैयार होना है। कभी कभी बाधाएँ आपके सफलता के रास्ते की एकमात्र प्रतियोगी हो सकती हैं। अपने प्रतिस्पर्धियों को प्यार करें, क्योंकि आप उन्हीं के कारण खुद में सुधार लाते हैं और हर बार अपना सर्वश्रेष्ठ देते हैं और उनके बिना न तो जीतने में मजा आएगा, न ही जीवन में कोई स्वाद होगा।

जिस प्रकार अधिकांश खेल बिना एक विरोधी टीम के कभी नहीं खेले जा सकते, उसी प्रकार जीवन बिना बाधाओं के नहीं जिया जा सकता। बाधाएँ हमें जीतने की खुशी प्रदान करती हैं। आम तौर पर हमारी ये समस्या होती है कि हम सोचते हैं, हमारे जीवन में कोई समस्या नहीं होनी चाहिएँ। लेकिन प्रकृति के नियम के अनुसार, एक समस्या या एक बाधा जीवन में बढ़ने का एकमात्र रास्ता है, और जब हम प्रकृति को चुनौती देने की कोशिश करते हैं, तो जीत हमेशा प्रकृति की होती है। इसलिए इस बात को स्वीकार कर लेना हमारी चतुराई होगी कि यदि

जीवन में कोई चीज हमारे प्राण नहीं लेती, तो वह हमें शारीरिक और मानसिक रूप से अधिक मजबूत बना देगी।

जैसा कि हम जानते हैं, सभी सफल व मुसकराते चेहरों के पीछे आम तौर पर एक मुश्किल कहानी होती है। जीवन कठिन परिश्रम और अच्छे काम के बिना कभी बड़े पुरस्कार नहीं देता। और बाधाएँ आते-जाते हर बार आपको एक बेहतर इंसान बनती हैं—काफी कुछ उस पत्थर की तरह जो बार-बार रगड़े और पॉलिश किए जाने के बाद एक चमकते हुए हीरे में परिवर्तित हो जाता है। इसलिए जब भी आप किसी बाधा का सामना करें, इस बात की खुशी मनाएँ कि वह आपको और मजबूत बना रही है, और उस प्रक्रिया का आनंद लें।

'यदि आपकी गरदन टूट जाती है, यदि आपके पास खाने के लिए कुछ नहीं है, यदि आपका घर जल रहा है, तब आपके सामने एक समस्या है। बाकी सब असुविधाएँ हैं।'

—रॉबर्ट फुल्गम

□

12

मनचाही नौकरी पाना : चंद्रमा पर जाने से भी आसान

क्या आपका मन वास्तव में आपकी वर्तमान नौकरी में लगता है? क्या आपकी वर्तमान नौकरी वास्तव में आपकी मनचाही नौकरी है?

शायद नहीं।

आइए सच्चाई का सामना करें। हममें से अधिकांश लोग विकल्प के अभाव में काम कर रहे हैं। हमारी नौकरियाँ एक आरामदेह जीवन के लिए पैसे कमाने, बिलों के भुगतान करने और कर्ज चुकाने का जरिया हैं, अपने शौक पूरे करने का नहीं।

यदि आपको लगता है कि आपकी नौकरी बोरिंग है और कभी-कभी वास्तव में आपके दिमाग पर हावी हो जाती है, तो ये बिल्कुल स्वाभाविक है, क्योंकि हममें से अधिकांश लोग एक बिल्कुल अलग क्षेत्र में या वर्तमान पद से ऊँचे पद पर काम करना चाहते हैं।

ऐसा आम तौर पर होता है कि एक कंपनी का सुरक्षाकर्मी ऑफिस कर्मचारी के नौकरी पाना चाहता है, जबकि ऑफिस कर्मचारी को अपने अफसर के काम से ईर्ष्या होती है, और इन सबके बीच अफसर को लगता है कि चौकीदार का काम सबसे आसान है, क्योंकि वह तनाव-मुक्त होता है और उसकी जिम्मेदारी भी सबसे कम होती है।

एक डॉक्टर को, जिसे सप्ताह के सातों दिन चौबीस घंटे उपलब्ध रहना पड़ता है, एक आई.टी. प्रोफेशनल की नौकरी अधिक सुविधाजनक लग सकती है; जबकि आई.टी. कर्मचारी को क्रिकेटर का काम पसंद हो सकता है, क्योंकि उसे वह काम मजेदार लगता है। यथार्थ जीवन की वास्तविकता ये है कि हममें से अधिकांश को दूसरों का काम खुद के काम से ज्यादा दिलचस्प लगता है।

इसलिए, हर सुबह जब हम बिस्तर से उठते हैं, तो हमारे पास उत्साहित न होने का एक बहाना होता है। इसका क्या हल हो सकता है ? अपनी नौकरी छोड़ दें और मनचाही नौकरी मिलने तक दिवालिया बने रहें ? नहीं। बल्कि आपको अपनी वर्तमान नौकरी को अपना सर्वश्रेष्ठ देना चाहिए।

आपकी वर्तमान नौकरी चाहे कितनी भी बोरिंग या लाभ-शून्य हो, आपको दिन के अंत तक अपना सर्वश्रेष्ठ देना चाहिए। जब दूसरे आप पर निर्भर करने लगते हैं, तो आप अपने उच्च अधिकारियों का सम्मान प्राप्त करेंगे, खुद को अधिक मूल्यवान् बना लेंगे और लोग आपको अपने लीडर के रूप में देखने लगेंगे।

और फिर एक दिन—

1. कोई आपकी ईमानदारी और उत्साह से प्रभावित होकर आपको एक बेहतर नौकरी का प्रस्ताव देगा।
2. आपको अपनी असली क्षमता का एहसास होगा और आपके अंदर खुद का व्यवसाय शुरू करने का आत्मविश्वास उत्पन्न हो जाएगा और वैसे भी, सफलता के लिए अर्थ-प्रबंध या शिक्षा से अधिक महत्त्वपूर्ण आवश्यकता आत्मविश्वास है।
3. आप अपना कार्यक्षेत्र बदलकर अपनी मनचाही नौकरी में जाने की हिम्मत जुटा लेंगे।

छोटे-छोटे अवसर बड़े अवसरों की ओर ले जाते हैं और अंत में सबसे बड़े अवसर की ओर। लेकिन मायने रखता है पहले छोटे अवसर का भरपूर लाभ उठाना। ये समझना महत्त्वपूर्ण है कि सीढ़ियों के शीर्ष तक पहुँचने के लिए पहले नीचे के पायदान चढ़ने पड़ते हैं।

सफलता चरणों में हासिल होती है। अब मैं ये कैसे जानता हूँ?

आइए इतिहास के पन्ने पलटें और कुछ शोध करें। सुपर स्टार रजनीकांत पहले बस कंडक्टर थे। हृतिक रोशन ने शूटिंग स्थलों के फर्श साफ किए हैं, कैमरामैन के साथ काम किया है और संपादन टीम का हिस्सा भी रहे हैं। भारतीय क्रिकेट टीम के कप्तान महेंद्र सिंह धोनी निचले स्तर के फुटबॉल गोलकीपर रहे हैं और खड़गपुर रेलवे स्टेशन पर टी.

टी.ई. के तौर पर भी काम कर चुके हैं। एप्पल इंक के सह-संस्थापक और चेयरमैन स्टीव जॉब्स ने एच.पी. (हैवलेट-पैकार्ड कंपनी) के असेंबली काउंटरों पर काम किया था। मुझे भी शुरुआती दिनों में एक प्रसिद्ध स्पीकर का लैपटॉप संचालित करना पड़ा था।

यदि आपका कोई सपना है, तो उसे पकड़कर कर रखें। उसे अपने दिल के अंदर गहराई में सुरक्षित रखें। लोगों से उसके बारे में अधिक बात करें। प्रतिदिन उसके बारे में सोचें और खुद को वह सपना जीते देखें। पूरे विश्वास के साथ आशा करें कि एक दिन वह सपना सच हो जाएगा। इस बीच आप वर्तमान में जो भी काम करते हैं, उसे अपना शत प्रतिशत दें, चाहे वह कितना ही छोटा या महत्त्वहीन हो।

जीवन जो भी देता है, उसके लिए आभारी रहें, और सही अवसर सही समय तथा स्थान पर आपके सामने आ जाएगा। जीवन में जो सामने आए उसका स्वागत खुली बाँहों से करें। इस प्रकार आप एक दिन अपने सपने को वास्तविकता में जिएँगे, क्योंकि ब्रह्मांड बहुत सुव्यवस्थित ढंग से काम करता है।

इस बात में कोई संदेह न करें कि आपको हमेशा वह सब मिल जाता है, जो आप चाहते हैं। हमेशा उससे अधिक देने के बारे में सोचें जितनी आपसे अपेक्षा की जाती है—आपके ग्राहकों, मित्रों, जीवन साथी, माता-पिता और बच्चों द्वारा।

यदि आप जीवन में आगे बढ़ना चाहते हैं, तो एक मील अतिरिक्त चलने का प्रयास करें. कार्यस्थल पर आपको अपने अपने काम के लिए जितना भुगतान मिलता है या घर पर जितने काम की आप पर जिम्मेदारी है, उससे अधिक काम करें।

मान लीजिए, आपके पास काम करने के लिए दो लोग उपलब्ध

हैं, जिनमें से एक सिर्फ अपना कर्तव्य निभाने के लिए काम करेगा और दूसरा अतिरिक्त मेहनत करने के लिए भी तैयार होगा और दिल से आपका काम करेगा, तो आप किसका चुनाव करेंगे? स्वाभाविक रूप से उसी का, जो आपके लिए आपकी अपेक्षा से अधिक काम करने को तैयार होगा। है न?

यदि आप ऐसे व्यक्ति की सेवाएँ लेना चाहते हैं, जो आपके लिए अतिरिक्त मील चलने को तैयार है तो आपको भी किसी के लिए एक मील अधिक चलने को तैयार रहना चाहिए; क्योंकि हर एक व्यक्ति को आपसे सर्वश्रेष्ठ प्राप्त होने की आवश्यकता और अधिकार होता है, चाहे वह आपका पति हो, आपके बच्चे हों, आपका बॉस हो या दुनिया में कोई भी हो। इसलिए, जब भी आप कुछ करने का उद्यम करें तो उसे अपना सबकुछ दें और फिर देखें कि जीवन कितना सुंदर और फलदायी बन जाता है।

आप देखेंगे कि जो लोग अपनी नौकरियाँ अपने पूरे मन और क्षमता के साथ करते हैं उनकी बहुत माँग होती है। गली का सबसे अच्छा सफाई कर्मचारी हमेशा माँग में होता है; ऑफिस के सबसे अच्छे सेल्समैन की माँग हमेशा बनी रहती है। इस बात से कोई फर्क नहीं पड़ता कि आप कौन सा काम कर रहे हैं। उत्कृष्टता हमेशा लाभदायक होती है।

उदाहरण के लिए अरुण नाम का एक सफाई कर्मचारी था। हालाँकि उसका काम सांसारिक था, लेकिन वह उसे पूरे मन से करता था और इसलिए उसका काम वास्तव में बहुत अच्छा होता था। जल्दी ही वह गली के सर्वश्रेष्ठ सफाई कर्मचारी के रूप में जाना जाने लगा। कुछ ही समय बाद एक होटल के मैनेजर ने यह देखकर कि वह किस प्रकार गली को स्वच्छ रखता था, उसके सामने होटल में डिशवॉशर की नौकरी

का प्रस्ताव रखा। एक दिन, होटल का सलाद कटर बीमार हो गया और दूसरी व्यवस्था होने तक अरुण को तब तक उसके स्थान पर काम करने के लिए कहा गया। इसी प्रकार धीरे-धीरे बढ़ते हुए एक दिन अरुण होटल का सबसे अच्छा शेफ बन गया।

कुछ साल पहले मैंने एक व्यक्ति को अपने ड्राइवर के रूप में काम पर रखा, लेकिन छह सालों में वह मेरे ड्राइवर से मेरा सीनियर इवेंट मैनेजर बन गया।

इसलिए बात कभी ये नहीं होती कि आपके पास क्या नहीं है। बात हमेशा ये होती है कि आप जीवन को क्या देते हैं और ये कि आप हमेशा वह पा सकते हैं, जो आप पाना चाहते हैं।

'जो व्यक्ति उससे अधिक काम करता है, जितने का उसे भुगतान मिलता है, उसे जल्दी ही उससे अधिक भुगतान मिलने लगेगा, जितना वह काम करता है।'

—नेपोलियन हिल

□

13

लक्ष्य : एक दिलचस्प जीवन का उद्‌देश्य रखें

वह क्या है, जिसे आप पूरे मन से चाहते हैं और जिसे पाने के लिए कितनी भी मेहनत कर सकते हैं? अभी के लिए वही चीज आपके जीवन का उद्‌देश्य हो सकती है।

आपके उद्‌देश्य हो सकते हैं—

1. एक आदर्श साथी पाना।
2. शरीर को सही आकार में लाना और अधिक आकर्षक लगना।

3. खुद को स्वस्थ और चुस्त रखना।
4. अपने वर्तमान संबंधों को सुधारना।
5. एक मर्सिडीज या पोर्श का मालिक बनना।
6. एक पुस्तक का लेखक बनने की इच्छा रखना।
7. समुद्र के किनारे एक बँगला लेना।
8. एक प्यारा सा कुत्ता पालना।
9. एक सफल डॉक्टर के रूप में कॅरियर बनाना।
10. खुद का एक ऑफिस खोलना।

लक्ष्य चाहे कुछ भी हो, बस एक लक्ष्य होना आवश्यक है। लक्ष्य आपको चलायमान रखते हैं। इस धरती पर अपने जीवन का आनंद लेने के लिए लक्ष्य होने आवश्यक हैं। लक्ष्य आपकी पसंद के किसी भी क्षेत्र में हो सकते हैं; महत्त्वपूर्ण ये है कि आपके पास एक या अधिक लक्ष्य हों।

कुछ लोग खुश इसलिए नहीं होते, क्योंकि उनके पास समस्याएँ नहीं होतीं, बल्कि इसलिए होते हैं, क्योंकि वे जीवन में कुछ चीजें प्राप्त करने और उनका आनंद लेने के प्रति उत्साही होते हैं। इसलिए वे अपना बहुमूल्य समय खुद को पुरस्कारों के लिए तैयार करने में निवेश करते हैं।

इसके विपरीत, दु:खी लोग वे होते हैं, जिनके पास हासिल करने के लिए कुछ विशेष नहीं होता। इसलिए वे अपना सारा उत्साह अपने जीवन की खामियों का दोष दूसरों पर डालने में खर्च कर देते हैं और अपना बहुमूल्य समय ये शिकायत करने में बिता देते हैं कि क्यों उनके जीवन में इतनी परेशानियाँ हैं और कोई मजा नहीं है।

मजेदार बात ये है कि आपको अपना लक्ष्य प्राप्त करने से जो मिलता है उसका अधिक महत्त्व नहीं होता (जैसे—पैसा, चीजें या सर्टिफिकेट)। सबसे महत्त्वपूर्ण चीज वह है, जो आप लक्ष्य प्राप्त करने

के बाद बनते हैं, अर्थात्, जिस प्रकार के व्यक्ति आप लक्ष्य का पीछा करने की प्रक्रिया में बन जाते हैं।

क्या आपको लगता है कि हम यूनिवर्सिटी जाकर चार साल कड़ी मेहनत सिर्फ ग्रेजुएशन डे पर एक सर्टिफिकेट पाने के लिए करते हैं? नहीं।

इन चार सालों के दौरान आप अनेक लोगों से मिलते हैं और खुद के और मानव मनोविज्ञान के बारे में ढेर सारी बातें सीखते हैं। आप 1,000 पृष्ठों की किताबें पढ़ते हैं और परीक्षा के लिए उनमें से 700 पृष्ठों की सामग्री याद रखने में सफल हो पाते हैं। और जल्दी ही आप में यह विश्वास आ जाता है कि आपकी स्मृति बहुत शानदार है, क्योंकि उसमें एक साथ इतनी चीजें समा जाती हैं। आप प्रतिकूल परिस्थितियों में धैर्य रखना सीख जाते हैं, उन विषयों की पढ़ाई करके, जो असल में आपको बहुत बोरिंग लगते थे। आपको प्रस्तुतियाँ देनी होती हैं, जिसके लिए आप मंच पर जाने के लिए बाध्य हो जाते हैं, और जल्दी ही आपको एहसास हो जाता है कि मंच पर बोलना उतना भी डरावना नहीं होता, जितना आप समझते थे और उससे न तो आपकी जान जा सकती है न ही आप पंगु हो सकते हैं।

तो फिर क्या होता है? चार साल बाद आप एक सर्टिफिकेट से कहीं अधिक प्राप्त कर लेते हैं; बल्कि आप एक बेहतर व्यक्ति के रूप में विकसित हो जाते हैं—एक ऐसा व्यक्ति, जो पहले से अधिक अनुभवी, आत्मविश्वासी, धैर्यवान और शिक्षित है।

लक्ष्य वास्तव में उसके बारे में उतने नहीं होते, जो आपको प्राप्त होता है, बल्कि उसके बारे में होते है, जो आप बनते हैं। लक्ष्य आपको एक बेहतर 'आप' बनाते हैं।

‘वह जो आप बनते हैं, जब आप अपने लक्ष्य को प्राप्त करने के लिए आवश्यक बाधाओं को पार करते हैं, वही आपको सबसे गहरे और लंबे समय तक चलनेवाली पूर्णता देता है।’

—एंथोनी रॉबिन्स

अपने जीवन के लिए उद्देश्यों की एक सूची बनाएँ। अभी-के-अभी वह सब लिखें, जो आप जीवन से चाहते हैं और जो आपका दिल वास्तव में चाहता है। इस बात की चिंता न करें कि आपको वह सब कैसे हासिल होगा। बस, अपना दिल खोलकर इच्छा करें।

लेकिन आप पूछ सकते हैं कि इन सब उद्देश्यों को एक कागज के टुकड़े पर लिखने की क्या आवश्यकता है?

जब आप बाजार जाते हैं, तो आप उन सब चीजों की एक सूची बनाते हैं, जो आपको खरीदने की आवश्यकता है, ये सुनिश्चित करने के लिए कि आप कुछ भूल न जाएँ। जब आप एक जन्मदिन की पार्टी की योजना बनाते हैं तो आप उन सब लोगों के नामों की सूची बनाते हैं, जिन्हें आप आमंत्रित करना चाहते हैं।

आप जानते हैं कि सूची बनाने से दैनिक गतिविधियों को पूरा करने में आसानी होती है। यदि वह खरीदारी और पार्टियों की योजना बनाने में काम कर सकती है, तो आप निश्चिंत रहें कि वह जीवन में भी काम करेगी।

लेकिन लोगों को आम तौर पर अपने उद्देश्यों की याद बहुत देर में आती है, कभी-कभी तो इतनी देर से कि वे मृत्युशय्या पर पहुँच जाते हैं और पछताते हैं—‘काश, मैं कुछ नए स्थानों पर गया होता या काश, मैंने अपने प्रियजनों के लिए कुछ समय निकाला होता या काश, मैंने···’

इसलिए इससे पहले कि आप अपने लक्ष्य बहुत देर हो जाने तक

भूल जाएँ, अपनी इच्छाएँ और चाहतें लिख लें। आपकी सूची आपको सही रास्ते पर रखेगी और आपके लक्ष्य तथा वे चीजें, जो आपके लिए बहुत मायने रखती हैं और आपको खुशी दे सकती हैं, भूलने नहीं देगी।

अपनी इच्छाओं की सूची बना लेने के बाद, ये मान लें कि आप उसको वास्तविकता में जीने वाले हैं, और आकर्षण के नियम के माध्यम से, पूरा ब्रह्मांड षड्यंत्र रचेगा तथा आपका मार्गदर्शन करके आपको आपकी मनचाही चीज प्राप्त करने में मदद करेगा। आप किसी पत्रिका में कुछ पढ़ सकते हैं या टी.वी. पर कुछ देख सकते हैं, जिससे आपको प्रेरित करनेवाला कोई विचार आएगा, जो आपको आपके लक्ष्य तक ले जाएगा।

'अपने सपने को एक पतंग की तरह अंतरिक्ष में छोड़ दें, और आपको पता नहीं वह क्या वापस लाएगी—एक नया जीवन, एक नया दोस्त, एक नया प्यार, एक नया देश।'

—अनीस निन

जब भी आप कुछ पाना चाहते हों तो उसकी एक सटीक छवि अपने मन में बना लें। अपने सपने की एक एनिमेटेड फिल्म बनाएँ और उसे अपने मन में बार-बार चलाएँ। ये एक बहुत मजेदार बात होती है कि जैसे ही आप अपने मन में किसी चीज की कल्पना करते हैं और उसे वास्तविकता की तरह महसूस करते हैं, तो वह बहुत जल्दी वास्तविकता के रूप में प्रकट हो जाती है। हम सब सिर्फ अपनी मानसिक शक्ति के माध्यम से अपने जीवन की सुपर वुमन और वंडर मैन बन सकते हैं।

'प्रत्येक व्यक्ति की रचनात्मक शक्ति का स्रोत और केंद्र उसकी छवि बनाने की शक्ति, या कल्पना करने की शक्ति है।'

—रॉबर्ट कोलियर

हर वह व्यक्ति जिसके पास एक दिमाग है, अपना भविष्य खुद बनाने की शक्ति रखता है, और चूँकि हम सबके पास हमारे अपने दिमाग हैं, हम सब जन्मजात सर्जक हैं। हमारे अंदर यह निर्णय लेने की शक्ति है कि हम अपने मन में कौन सी फिल्म चलाना चाहते हैं और इस प्रकार दुःखी या सुखी भविष्य की रचना करते हैं।

तो अपने मन में अपने मनचाहे जीवन की सुखद फिल्म बनाएँ और उसे बार-बार चलाएँ, और फिर आपका अवचेतन उन सभी स्थितियों को आकर्षित करेगा जो कल्पना को साकार कर देती हैं। आपको हैरान करते हुए ब्रह्मांड खुद को पुनर्व्यवस्थित करके आपको वह उपलब्ध कराएगा, जो आपको चाहिए; लेकिन तभी जब आप ये मानते हों कि आप उसके योग्य हैं और ये कि सबकुछ संभव है।

उदाहरण के लिए मान लीजिए कि आपकी इच्छा सिर्फ थोड़ी सी मानसिक शांति पाने की है। यदि आप ये मानना शुरू कर दें कि ये संभव है और खुद की कल्पना एक शांतिपूर्ण व प्रसन्न व्यक्ति के रूप में करें, तो ब्रह्मांड तुरंत अपना काम शुरू कर देगा और जल्दी ही ऐसा हो सकता है कि एक सुबह जब आप अखबार खोलें तो आपको एक नए मैडिटेशन सी.डी. का विज्ञापन दिखाई दे जाए, जो फोन से ऑर्डर देने पर भी आपको मिल सकता है, या आप अपने ऑफिस में प्रवेश करें और आपका सहकर्मी एक नई योग कक्षा के बारे में बात करना शुरू दे, जहाँ उसने जाना शुरू किया है और वह आपको भी वहाँ आने के लिए आमंत्रित करे।

ऐसा किसी भी प्रच्छन्न रूप में हो सकता है; लेकिन परिस्थितियों का संयोजन आपको आपके लक्ष्य के ओर ले जाएगा और ये सब ब्रह्मांड द्वारा आयोजित होगा।

लघु अवधि के तीन लक्ष्य लिखें, जो आप आनेवाले 90 दिनों में पूरे करना चाहते हैं —

1.——————————————————

2.——————————————————

3.——————————————————

लंबी अवधि के तीन लक्ष्य लिखें, जो आप अगले एक वर्ष में पूरे करना चाहते हैं—

1.——————————————————

2.——————————————————

3.——————————————————

□

14

निराशा : सफलता के खिलाफ आपका बीमा

क्या कभी ऐसा हुआ है कि जब आप किसी चीज को सख्ती से पाना चाहते थे तो वह आपको नहीं मिली ? बाद में जब आपने जीवन से लड़ना छोड़ दिया और उसे भूल गए तो वह पता नहीं

कहाँ से आपके कदमों में आकर गिर गई।

क्या कभी ऐसा हुआ है कि आप किसी से मिलने के लिए बहुत परेशान थे, लेकिन उनसे मिलने जाते समय हमेशा देर हो जाती थी? या तो आप काम में व्यस्त हो जाते थे या ट्रैफिक में फँस जाते थे या आपकी फ्लाइट देरी से आती थी या कार का टायर पंक्चर हो जाता था?

ये सरासर दुर्भाग्य नहीं था, बल्कि ब्रह्मांड कुछ इस प्रकार से काम करता है कि जब आप हताश होते हैं, तो आप चीजों को खुद से दूर धकेल देते हैं, चाहे आपकी हताश इच्छा का विषय लोग हों, पैसे हों या चीजें हों।

जब आप हताश होते हैं, तो आपके अंदर कुछ न होने की मजबूत भावना होती है। और जब तक आप वह चीज न होने के शून्य को महसूस करते रहेंगे, आकर्षण के नियम द्वारा परिस्थितियाँ आपको वे चीजें प्राप्त नहीं करने देंगी। बाद में जब आप उस भावना को जाने देंगे तो वह स्वचालित रूप से आपके सामने आ जाएगी।

इसलिए, किसी चीज को पाने की कुंजी है सुकून के साथ काम करते रहना और आपके पास आज जो कुछ भी है, उसके साथ खुश रहना। इस प्रकार, आपके जीवन में और अधिक प्रवाहित होगा। यह सार्वभौमिक नियम है। जब आप हताश होते हैं, आप जीवन के प्राकृतिक प्रवाह को रोक देते हैं।

'जब आप उस थोड़े बहुत से खुश नहीं होते जो आपके पास है, तो आप उससे अधिक से भी कभी खुश नहीं हो सकते।'

—रिचर्ड बैंडलर

आपने अनुभव किया होगा कि सबसे खूबसूरत चीजें आपके पास

तब आती हैं, जब आपको उनकी उम्मीद नहीं होती। इसका रहस्य ये है, कि आप शांति से हैं और बहुत हताश नहीं हैं, और इस प्रकार चीजों को अपने जीवन में प्रवाहित होने की अनुमति दे रहे हैं। और एक दिन आपका सुखद आश्चर्य से सामना होता है।

आराम करने का अर्थ यह नहीं है कि आप उस चीज के लिए प्रयास न करें, जो आप वास्तव में चाहते हैं या उसे पूरी तरह भूल जाएँ। आराम करने का मतलब है—जो चीज आप चाहते हैं, उसके प्रति एक बेपरवाह दृष्टिकोण होना।

मान लीजिए आप एक गर्लफ्रैंड या बॉयफ्रैंड के लिए बेताबी से इंतजार कर रहे हैं। सालों बीत जाते हैं, लेकिन आपको उसके मिलने का संकेत तक नहीं मिलता। और फिर एक दिन आप हार मान लेते हैं और खुद से कहते हैं, 'मुझे खुश रहने के लिए किसी गर्लफ्रैंड/बॉयफ्रैंड की आवश्यकता नहीं है; मैं खुद के साथ खुश रह सकता हूँ।' और अचानक आप किसी सुपर मार्केट में, जॉगिंग पार्क में या किसी दोस्त के जन्मदिन की पार्टी में उससे टकरा जाते हैं।

मान लीजिए, आपका एक इंटरव्यू निर्धारित है और इंटरव्यू से एक दिन पहले आप आधी रात को अपने बाथरूम के आईने के सामने तब तक अपने भाषण का अभ्यास करते हैं, जब तक कि पड़ोसी खिड़की से चिल्ला कर आपको रात भर के लिए शांत रहने को नहीं कहते। अगले दिन आप अपने सबसे अच्छे और महँगे कपड़े पहनकर और जूते शीशे की तरह चमका कर तैयार हो जाते हैं। आखिरकार, आपका इंटरव्यू समाप्त होता है और आपसे ये कहकर जाने के लिए कहा जाता है कि आपको परिणाम दोपहर तक फोन द्वारा बता दिया जाएगा।

आप घर वापस जाकर फोन से चिपक जाते हैं, और उसकी घंटी

बजने का इतनी बेताबी से इंतजार करने लगते हैं कि जरूरत महसूस होने पर टॉयलेट भी नहीं जाते।

और होता क्या है ? उन्हें छोड़कर हर कोई आपको फोन करता है।

आप जो चाहते हैं, उसे पाने के लिए महत्त्वपूर्ण है कि अप शांत और निश्चिंत रहें। बस घर वापस पहुँचें और अगली कंपनी में आवेदन कर दें—इस बार बेहतर तैयारी के साथ। इस बीच यदि पहली कंपनी से फोन आता है तो अच्छा है और नहीं आता, तो वह आपके जैसे होशियार व्यक्ति को छोड़कर अपना नुकसान कर रही है। इसलिए अफसोस न करें; शायद आप उससे बेहतर नौकरी के योग्य हैं।

'यदि आप एक मरम्मत करनेवाले का इंतजार कर रहे हैं, तो आप पूरे दिन इंतजार करते रहेंगे। यदि आप 5 मिनट के लिए बाहर जाएँगे, तो वह आपकी गैर-मौजूदगी में आकर वापस भी चला जाएगा।'

—आर्थर ब्लॉक

होशियार लोग अपने दिल की गहराई से जानते हैं कि उनके प्रयासों का परिणाम निश्चित रूप से मिलेगा, यदि आज नहीं, तो कल तो जरूर मिलेगा। वे जो चाहते हैं, उसके प्रति दृढ रहते हैं और शांति से काम करते हुए जोश के साथ उसे पाने की ओर बढ़ते हैं। वे सिर्फ हताश लोग होते हैं, जो शिकायत करते हैं और बहुत जल्दी हार मान लेते हैं। इसलिए, जो आप चाहते हैं उसकी उम्मीद कभी न छोड़ें; क्योंकि चमत्कार प्रतिदिन होते हैं। इस बात को हमेशा समझें कि आप जितना सोचते हैं, उससे कहीं बेहतर हैं।

आइए, इतिहास के पन्ने पलटें और देखें कि महान् उपलब्धियाँ हासिल करनेवाले सपनों से चिपके रहने के बारे में क्या कहते हैं।

ब्रिटिश अभिनेत्री केट विंसलेट ने 'ऑस्कर अवार्ड' जीतने के बाद कहा कि उन्हें अपने सपने को सच करने में 25 वर्ष लग गए।

'मैंने अपने कॅरियर में 9,000 से अधिक शॉट मिस किए हैं। मैं लगभग 300 गेम हारा हूँ। 26 बार मुझे गेम जितानेवाला शॉट खेलने का अवसर दिया गया और हर बार मैं चूक गया। मैं अपने जीवन में बार-बार, कई बार हारा हूँ। और इसीलिए अब मुझे सफलता मिलती है।'

—माइकल जॉर्डन

बिजली के बल्ब के आविष्कारक थॉमस अल्वा एडिसन सफलता प्राप्त करने के पहले 10,000 बार असफल रहे थे। आपने अपनी उम्मीद छोड़ने के पहले और घोषणा करने के पहले कि ये संभव नहीं है, कितनी बार प्रयास किया है ?

सबकुछ संभव है यदि आप पर्याप्त कोशिश करें और सही समय का इंतजार करें। लेकिन भविष्य में कुछ होने का इंतजार करते हुए अपने वर्तमान को बरबाद न करें। वर्तमान पल में जिएँ। खुश रहने का यही रहस्य है। खुशी कोई मुश्किल या जटिल विज्ञान नहीं है, बल्कि एक खूबसूरत व सरल कला है।

□

15

कृतज्ञता की महानता

शुक्रिया कहने के कोई पैसे नहीं लगते, इसलिए उसका खुले हाथों से इस्तेमाल करें। इससे दो लोगों को खुशी मिलती है—कहनेवाले को और पानेवाले को।

'यदि आप अपने पूरे जीवन में सिर्फ एक प्रार्थना 'धन्यवाद' कहते हैं, तो वह पर्याप्त है।'

—मीस्टर एक्कार्ट

लेकिन हमें ईश्वर को धन्यवाद क्यों कहना पड़ता है? उसे हमारी सराहना की आवश्यकता क्यों होती है? इसका उत्तर ये है कि हम उसे धन्यवाद अपने लाभ के लिए कहते हैं, इसलिए नहीं क्योंकि ईश्वर को उसकी आवश्यकता है।

जब आप उन चीजों के लिए आभारी होते हैं, जो आपके जीवन में पहले से हैं और आभार प्रकट करने की सूची लंबी हो जाती है, तब आपको एहसास होता है कि आपके जीवन में पहले से ही इतनी सारी चीजें हैं और आप समृद्ध महसूस करते हैं। और जब आप समृद्ध महसूस करते हैं तो अपने जीवन में और अधिक समृद्धि को आकर्षित करते हैं।

अब एक आसान सा प्रयोग करने का प्रयास करें।

उन सब चीजों के बारे में सोचें, जो आपके जीवन में काम नहीं कर रही हैं। आपको कैसा लग रहा है? निश्चित रूप से बहुत बुरा। है न?

लेकिन आम तौर पर लोग ऐसा ही करते हैं—उन सब चीजों के बारे में सोचते और शिकायत करते रहते हैं, जो उनके जीवन में सही नहीं चल रही हैं और इस प्रकार अपने जीवन में और अधिक दु:ख को आकर्षित करते हैं।

अब उन चीजों की एक सूची बनाएँ, जो आपके सौभाग्य से इस समय आपके पास हैं। और आप देखेंगे कि आपके पास दो आँखें हैं, जो काम कर रही हैं; एक नाक है, जो अपने सही स्थान पर है और ठीक से काम कर रही है; दो कान हैं, जो अपना काम कर रहे हैं और बहुत से

अन्य उपहार हैं, जो आपको जीवित और स्वस्थ रखने के लिए काम कर रहे हैं। अपने शरीर के अंगों के लिए आभारी होना थोड़ा हास्यास्पद लग सकता है; लेकिन यदि आप एक ऐसे दुर्भाग्यपूर्ण व्यक्ति के साथ एक घंटा भी बिता लेंगे, जिसके पास इनमें से कोई एक या अधिक नहीं है तो आपको एहसास हो जाएगा कि आप कितने भाग्यशाली हैं।

हमेशा ख़ुद को मिले आशीर्वादों की गिनती करें, तो दु:ख आपको कभी नहीं छू पाएगा। आभार के माध्यम से जीवन बेहतर हो जाता है, क्योंकि ब्रह्मांड का नियम कहता है कि जब आप बेहतर व अधिक समृद्ध महसूस करते हैं, तो आप अपने जीवन में बेहतर चीजों को आकर्षित करते हैं और जीवन दिन-पर-दिन समृद्ध होता जाता है।

अधिकतर आध्यात्मिक, प्रेरक, सेल्फ हेल्प की पुस्तकों और प्रसिद्ध लोगों की आत्मकथाओं में आभार पर बड़े-बड़े अध्याय होते हैं। प्रत्येक जीवन प्रबंधन गुरु जीवन में कम-से-कम एक अच्छी आदत के समावेश का समर्थन करता है—आभार सूची बनाने की।

आभार के महत्त्व से परिचय हो जाने के बाद, लोग आम तौर पर पहले दिन बहुत उत्साहित होते हैं और 30 ऐसे लोगों और चीजों की सूची बना लेते हैं, जिनके प्रति वे आभारी है। हालाँकि एक सप्ताह के अंदर वे शिकायत करने लगते हैं कि आभार प्रकट करने का रवैया काम नहीं करता। यहाँ कुछ ऐसे लोग भी हैं, जिनका कहना है कि सकारात्मक सोच कुछ दिनों के अभ्यास के बाद काम नहीं करती। ये कुछ ऐसा है जैसे जिम में 100 पुशअप्स करना और 24 घंटे के अंदर शिकायत करना कि आपका शरीर बिल्कुल भी टोन नहीं हुआ है।

जीवन एक साहसिक यात्रा है, जिसमें हमारा मार्गदर्शन करने के लिए कोई नक्शे नहीं हैं। अज्ञात की ओर निरंतर यात्रा करते हुए हम

कुछ खो देते हैं और कुछ पा लेते हैं। कोई नहीं जानता कि आगे हमारे साथ क्या होने वाला है। आपको बस, निश्चिंत रह कर धन्यवाद कहना है। एक बार फिर चुनाव आपको करना है कि आप जीवन में कौन सी सूची बनाना चाहते हैं। आपने अब तक जो पाया है उसकी सूची या जो खोया है, उसकी सूची।

अपने आशीर्वादों की सूची बनाना एक उत्सव की तरह होता है; हर एक दिन एक उत्सव की तरह होता है, जब आप अपने अंदर की गहराइयों से समृद्ध महसूस करते हैं, इस बोध और स्मरण के साथ कि आपको पहले से ही इतना कुछ मिल चुका है।

इस प्रकार, आपको जीवन का उत्सव मनाने के लिए किसी विशेष अवसर या त्योहार का इंतजार नहीं करना पड़ेगा। आपके जीवन में निरंतर एक बड़ी पार्टी चलती रहेगी। क्या प्रतिदिन पार्टी करने का एहसास अच्छा नहीं है ? इसके अलावा, उत्सव मनाना संक्रामक होता है और जब आप उत्सव मनाने के मूड में होते हैं, तो आस-पास के लोग भी मस्ती में शामिल हो जाते हैं। और इस प्रकार खुशी और आनंद कई गुना होकर बढ़ते रहते हैं। और यही अनंत खुशी की कुंजी है।

हममें से कई लोग अकसर अनुभव करते हैं कि सबकुछ होने के बावजूद, हमारे जीवन में अभी भी कुछ कमी है। और इससे हमारे अंदर गहराई में एक अधूरेपन की भावना आ जाती है। और अधिकतर ये सिर्फ कृतज्ञता का रवैया होता है। हमें हमेशा कोई-न-कोई चीज चाहिए होती है। और हालाँकि जीवन में अधिक की चाहत रखना अच्छा होता है, लेकिन हम इनमें से एक भी उद्देश्य की पूर्ति करने में विफल हो जाने पर दु:खी हो जाते हैं। और उन सब चीजों को भूल जाते हैं और उनकी अनदेखी कर देते हैं, जो विफलता के उस बिंदु तक हमें

प्राप्त हो चुकी हैं।

याद रखें कि सिर्फ एक पराजय आपकी पहले की सब जीतों को निरर्थक नहीं कर देती। हालाँकि लोगों के जीवन में विफलताओं की तुलना में सफलताएँ कहीं अधिक होती हैं, फिर भी वे उन कुछ विफलताओं को ही याद रखते हैं और एक स्व-निर्मित नर्क में रहते हैं। इसके बजाय, हमेशा अपनी सफलताओं और आशीर्वादों की गिनती करें, क्योंकि यदि हम पर्याप्त कोशिश करें, तो हम उस चीज को पा सकते हैं, जिसकी हमारे जीवन में कमी है; लेकिन जीने का असली आनंद तो उन सब का जश्न मनाने में हैं, जो हमारे पास अभी, इस पल में हैं।

'जो प्रचुरता आप प्राप्त कर चुके हैं, उसके लिए कृतज्ञता इस बात का सर्वश्रेष्ठ बीमा है कि प्रचुरता जारी रहेगी।'

—मुहम्मद

कृतज्ञता के अद्‌भुत लाभ—

1. कृतज्ञ लोग अधिक आशावादी और स्वस्थ होते हैं।
2. बेहतर गुणवत्ता की नींद।
3. आत्म-विश्वास में वृद्धि।
4. सहायक प्रवृत्ति और सहानुभूति की भावना में वृद्धि।
5. अधिक लचीलापन।

□

16

माता-पिता प्रत्यक्ष देवदूत

आपके माता-पिता ने आपको अपना एक अंश उस पहली कोशिका के माध्यम से ही दे दिया था, जिससे आपका जन्म हुआ। उन्होंने अपने जीवन को प्रबंधित करने के अलावा आपकी परवरिश को

भी अपनी ऊर्जा, अपना समय, अपने पैसे और प्रयास दिए. उन्होंने आपको सही भोजन और शिक्षा प्रदान की। सबसे महत्त्वपूर्ण आपके खुद पर विश्वास करना सीखने के पहले आपके माता-पिता ने आप में विश्वास किया। जब आप घुटनों पर चलना सीख रहे थे, उन्होंने आपको थाम कर चलना सिखाया। उन्होंने इस धरती पर आपके पहले दिन से और उस समय से, जब आपके लिए सबकुछ अनजाना था, आपका समर्थन किया।

फिर भी, कुछ बच्चों को अपने माता-पिता और अपने बीच एक मजबूत एवं खुशी भरा बंधन बनाए रखने में कठिनाई होती है। हर गुजरते दिन के साथ संवादहीनता बढ़ती जाती है और माता-पिता व बच्चों के बीच और अधिक समस्याएँ पैदा होने लगती हैं। लेकिन माता-पिता और बच्चों के बीच के संबंधों में सुधार लाने का एक नुस्खा है और वह बहुत आसान है।

और ये नुस्खा है 'थैंक यू' या 'शुक्रिया' कहना।

एक अध्ययन से पता चला है कि ये दो जादुई शब्द ही हैं, जिन्हें अपने बच्चों से सुनने की माता-पिता सबसे ज्यादा अपेक्षा करते हैं। फिर भी, क्या हमें याद भी है कि पिछली बार हमने अपने माता-पिता को 'थैंक यू' या 'शुक्रिया' कब कहा था?

मनोवैज्ञानिक विलियम जोंस ने कहा था कि मनुष्य की सबसे गहरी इच्छाओं में से एक होती है—सराहे जाने की इच्छा। वास्तव में, ईमानदारी से की गई सराहना उन सर्वोत्तम उपहारों में से एक है, जो हम अपने आस-पास किसी को दे सकते हैं; क्योंकि हमारे अंदर गहराई में दबी सबसे बड़ी इच्छा होती है—जीवन में प्रशंसा पाना। अपने दिल की गहराई में हम सब गुप्त रूप से प्रशंसा पाने की लालसा रखते हैं। लेकिन प्रशंसा के सबसे अधिक योग्य होते हैं हमारे माता-पिता।

क्या उन्होंने ये सब अपना काम समझ कर किया? नहीं। उन्होंने स्वेच्छा से अपने आराम का त्याग किया और आपके ऊपर अपना ध्यान व ऊर्जा न्योछावर किए—सिर्फ प्यार और परवाह के कारण। उनके लिए आपकी हर जरूरत को पूरा करना अनिवार्य नहीं था, लेकिन फिर भी उन्होंने किया।

लेकिन उन्हें शुक्रिया कहने के बजाय हम उनमें खामियाँ ढूँढ़ते रहते हैं। हम सबके स्वभाव में खामियाँ होती हैं और जब हम में से कोई भी त्रुटिहीन नहीं है, तो हम अपने माता-पिता के त्रुटिहीन होने की उम्मीद क्यों करते हैं? कोई भी माता-पिता जान-बूझकर अपने या अपने बच्चों के जीवन में परेशानियाँ लाने में खुशी महसूस नहीं करते। बात सिर्फ इतनी है कि उन्हें जीवन जीने का बस यही एक तरीका आता है, शायद इसलिए क्योंकि उन्होंने अपने बढ़ने के दौरान यही तरीका सीखा था। उन्होंने बच्चों की परवरिश करने में कोई पी-एच.डी. की डिग्री नहीं अर्जित की थी। उन्होंने परवरिश करने का अपना तरीका ढूँढ़ा था—अपने खुद के जीवन के वित्तीय और सामाजिक मुद्दों के साथ संतुलन बनाते हुए।

इसलिए, आप कम-से-कम उनके लिए इतना तो कर ही सकते हैं कि उनके प्रति आभार व्यक्त करें और अपने जीवन की पूरी जिम्मेदारी खुद उठाएँ। न किसी के ऊपर आपकी जीविका निर्भर है और न आपकी खुशी निर्भर है। वह सिर्फ आप हैं, जिसे खुद के लिए काम करने की आवश्यकता है।

'हर कोई पृथ्वी को बचाना चाहता है। कोई भी माँ को बरतन साफ करने में मदद नहीं करना चाहता।'

—पी.जे. ओरॉर्क

□

17

क्या सोलमेट्स (जीवन साथी) वास्तव में स्वर्ग में बनते हैं?

सही सोच से आजादी मिलती है।
गलत सोच गुरुत्वाकर्षण जैसा काम करती है और जीवन में आपको धराशायी करती है!!

बचपन से ही, हमें फिल्मों और प्रेम कहानियों से रोमांस का ये नुस्खा मिलता है कि एक दिन एक लंबा व सुगठित युवक या एक गोरी व सुंदर लड़की हमारे जीवन में प्रवेश करेगी, सबकुछ ठीक कर देगा/देगी और हमारे जीवन को काल कोठरी से स्वर्ग के रूप में बदल देगा/

देगी। हमें बेहिसाब खुशी मिलेगी और हमारे सारे सपने सच हो जाएँगे।

लगभग हर फिल्म जो हम देखते हैं और गाने जो हम सुनते हैं, एक ही संदेश संप्रेषित करते हैं और वह संदेश है—'तुमसे मिलने के पहले मैं दुःखी और हारा हुआ था/थी; लेकिन तुमने मेरे जीवन को परियों की कहानी जैसा बना दिया।'

लेकिन वास्तविक जीवन में बात कुछ ऐसी होती है—'तुमसे मिलने के पहले मैं दुःखी था/थी, लेकिन तुमने मेरा जीवन निराशाजनक बना दिया है। मैं बरबाद हो गया/गई हूँ।' क्या आपने कभी सोचा है कि वास्तविक जीवन में दुनिया की अधिकांश जोड़ियों के साथ ऐसा क्यों होता है?

यहाँ, एक बार फिर आकर्षण का नियम काम करता है। खुश लड़के खुश लड़कियों को आकर्षित करते हैं और दुःखी लड़के दुःखी लड़कियों को। और उन्हें जीवन भर एक साथ दुःख और परेशानियाँ साझा करनी पड़ती हैं।

एक खुश लड़की हमेशा एक दुःखी लड़के से दूर रहेगी, जो अपने जीवन से नाखुश है। वह उससे प्लेग की तरह बचती रहेगी। और ऐसे दुःखी लड़के कभी किसी खुश लड़की की राडार स्क्रीन पर नजर नहीं आएँगे।

आकर्षण के कानून—सार्वभौमिक नियम—ने हमें हमेशा बताया है कि यदि आप दुःख व दर्द का कचरा जमा करेंगे, तो सिर्फ मक्खियाँ ही पास आएँगी।

प्रस्तुत है आदर्श जीवन साथी पाने का एक असल जीवन का नुस्खा।

इस बात का इंतजार न करें कि आपका जीवन साथी आसमान से उतरेगा और आपकी सारी परेशानियाँ दूर कर देगा; बल्कि परेशानियों का हल खुद ढूँढ़ें या कम-से-कम चेहरे पर एक मुस्कान रखें और इस

वर्तमान पल में खुश रहते हुए एक सकारात्मक आवृत्ति उत्सर्जित करें। और तब आप निश्चित रूप से एक आदर्श जीवन साथी को आकर्षित करेंगे, जिसके साथ आप जीवन भर एक अंतरंग संबंध साझा कर सकेंगे।

इसलिए, पहले खुद को प्यार करें। यदि आप खुद को प्यार नहीं कर सकते, कम-से-कम खुद को पसंद करें। जीवन के उजले पक्ष को देखते हुए जीवन के प्रति अच्छा महसूस करें। जीवन इसी तरह दिन-पर-दिन बेहतर होता चला जाएगा।

यदि आप ध्यान से चारों ओर देखेंगे, तो आपको पता चलेगा कि प्रसन्न जोड़ियाँ साथ आने के पहले व्यक्तिगत रूप से प्रसन्न थीं।

फिल्मों में, जब जोड़ियाँ साथ आ जाती हैं, तो कहानी समाप्त हो जाती है; लेकिन वास्तविक जीवन में, वह कहानी की शुरुआत होती है। इसलिए, जब आपको आपका जीवन साथी मिल जाता है, तो आप जीवन भर खुशी के साथ कैसे रह सकते हैं ?

ये कुछ तरीके हैं, जिनकी मदद से आप अपने जीवन साथी के साथ एक मजबूत व अंतरंग संबंध साझा कर सकते हैं—

- सबसे पहले आपको ये पता होना चाहिए कि एक अंतरंग संबंध में होने का मतलब होता है—अपने साथी का सबसे अच्छा दोस्त होना। उनका विश्वास जीतें, ताकि वे अपने मन की हर बात आपसे कह सकें और अपने जीवन के किसी भी पहलू के बारे में खुल कर आपसे बात करने में और अपने सब राज साझा करने में सहज महसूस करें।
- अपने साथी की दिलचस्पियों में दिलचस्पी पैदा करें। यदि आपके साथी को टेनिस खेलना अच्छा लगता है तो खेल में उनके साथ शामिल हो जाएँ, या कम-से-कम एक समर्थक के रूप में उनके

साथ जाकर उनका हौसला बढ़ाएँ। जल्दी ही आप देखेंगे कि आपका साथी भी आपकी दिलचस्पियों में शामिल हो गया है।

- तीन महत्त्वपूर्ण शब्द कहना हमेशा सुनिश्चित करें—'आई लव यू' नहीं, जैसा कि आपने अनुमान लगाया होगा, बल्कि 'आई एम सॉरी'। एक रिश्ते में दोनों ओर के लोगों को इन तीन शब्दों का महत्त्व समझना चाहिए, जिनमें आपको उस तनाव से मुक्त करने की शक्ति होती है, जो आपके बीच की लड़ाई का परिणाम हो सकता है। गलती चाहे किसी की भी हो, 'मुझे माफ कर दो' कहने से वह तनाव दूर हो सकता है, जो प्रतिकूल परिस्थितियों में आप दोनों के बीच उत्पन्न हो सकता है।
- जब एक अंतरंग संबंध में दोनों साथी एक-दूसरे का समर्थन, सम्मान और सराहना करते हैं, तो प्यार, खुशी, उत्साह, जोश और संतुष्टि जैसी सभी सकारात्मक भावनाएँ हमेशा के लिए जीवन में आ जाती हैं, जिससे दोनों साथी अपने सबसे रचनात्मक रूप को प्राप्त कर लेते हैं।
- इस प्रकार साथ में, दोनों साथी एक सुरीला परिवार का निर्माण करते हैं, बुद्धिमान और संवेदनशील बच्चों को जन्म देते हैं, एक संपन्न व्यवसाय की रचना करते हैं, मित्रवत् पड़ोसी और अंततः एक स्वस्थ समाज तैयार करते हैं।

'प्यार एक दोस्ती है, जिसने आग पकड़ ली है। यह एक शांत समझ, आपसी विश्वास, बाँटना और माफ करना है। ये अच्छे और बुरे समय में वफादारी है। ये पूर्ण से कम को स्वीकार करता है और मानवीय कमजोरियों को छूट देता है।'

—ऐन लैंडर्स

□

18

स्वास्थ्य : अनमोल खजाना

मुझे अपनी कमर के लिए कुछ 'स्पेयर पार्ट्स' खरीदना है।
काफी समय से यह मुझे परेशान कर रहा है।

सबसे पहले आपके लिए कुछ प्रश्न हैं—

क्या आप दस लाख रुपयों में अपना दिल बेचेंगे? और एक करोड़ के बारे में क्या ख्याल है?

या फिर, क्या आप अपना हाथ दस लाख रुपयों में बेचेंगे?

या कम-से-कम आप अपनी उँगलियाँ तो काट कर दस लाख में दे ही सकते हैं?

आपने शायद इन सब प्रश्नों के उत्तर बिल्कुल 'नहीं' में दिए होंगे। क्या अब आप अपने शरीर के अंगों का महत्त्व समझ गए? वे अनमोल हैं।

लेकिन हम मनुष्य कभी-कभी अजीब हो जाते हैं। हम अपने जीवन के पहले 40 वर्षों में ढेर सारी दौलत कमाने के लिए अपना स्वास्थ्य खर्च करने के लिए तैयार रहते हैं और उसके बाद अपना स्वास्थ्य वापस पाने के लिए वह सारी दौलत खर्च करने के लिए तैयार हो जाते हैं। लेकिन तब तक इतनी देर हो जाती है कि डॉक्टर भी हमारी मदद नहीं कर पाते, क्योंकि मानव मशीनरी के अतिरिक्त पुर्जे बाजार में उपलब्ध नहीं होते।

हमारा शरीर बहुत बुद्धिमान होता है, और भीतर हो रहे असंतुलन की स्थिति के बारे में हमें तुरंत चेतावनी दे देता है। लेकिन आम तौर पर हम मुसीबत के प्रारंभिक संकेतों और लक्षणों की अनदेखी कर देते हैं। हम अपनी कार की सर्विसिंग हर दो महीने में करवाते हैं; लेकिन खुद को फिर से जीवंत करने के लिए कितनी बार समय निकालते हैं? हम अपने शरीर से मिल रहे प्रारंभिक संकेतों की अनदेखी करते हैं और स्थिति बिगड़ने पर डॉक्टर के पास ऐसे भागते हैं, जैसे वह कोई बायो-मेकैनिक हो और अस्पताल मरम्मत की दुकान। तनाव खराब सेहत का प्रारंभिक लक्षण है; लेकिन हम अपने शरीर की तभी सुनते हैं, जब हमारे लिए दिन-प्रतिदिन का काम करना मुश्किल और दर्दनाक हो जाता है।

हम अपनी कार, संपत्ति एवं आभूषणों को महत्त्व देते हैं और उनकी सुरक्षा करते हैं, क्योंकि उनका मूल्य लाखों में होता है। लेकिन क्या हम अपने शरीर की भी उतनी ही अच्छी तरह देखभाल और सुरक्षा करते हैं?

हम हमेशा सफलता का पीछा करते रहते हैं; लेकिन क्या सफलता का मतलब सिर्फ कड़ा परिश्रम करके कागज़ के वे ढेर सारे टुकड़े एकत्रित करना है, जिन पर मृत लोगों की तसवीरें बनी होती हैं ?

ये सच है कि सफलता हमारा जन्मसिद्ध अधिकार है, लेकिन हमारे स्वास्थ्य की कीमत पर नहीं; क्योंकि कोई भी धनराशि आपको आपका स्वास्थ्य खरीद कर नहीं दे सकती, और दुर्भाग्य से वह बाजार में उपलब्ध भी नहीं होती।

सफल होने की इच्छा रखने में और विलासिता की वस्तुएँ हासिल करने में कोई बुराई नहीं है। एक आरामदेह जीवन की चाहत रखने में, जिसमें रेक्लाइनर सोफे से लेकर खुद के बगीचे में स्विमिंग पूल तक शामिल है, कोई बुराई नहीं है; क्योंकि इनसे आपको अच्छा महसूस होता है।

लेकिन आप गंभीर पीठ दर्द के साथ अपने आरामदेह सोफे पर बैठकर कैसे अच्छा महसूस कर सकते हैं ? आपको अच्छा कैसे महसूस हो सकता है जब आप अपनी फेरारी चलाते समय बुरी तरह उदास हों ?

इसलिए प्रतिदिन कुछ समय अपने मन व शरीर को स्वस्थ और मजबूत रखने के लिए निकालें। और याद रखें कि सिर्फ किसी बीमारी का न होना ही स्वास्थ्य नहीं है। स्वास्थ्य को उस जोश और उत्साह से मापा जाता है, जिसके साथ आप अपना जीवन जीते हैं।

'सफलता की परिभाषा है बहुत सी चीजें प्राप्त करना, जो पैसे से खरीदी जा सकती हैं और वे सब चीजें प्राप्त करना, जो पैसा नहीं खरीद सकता।'

—जिग जिगलर

हमारे शरीर चलते रहने के लिए बना है, लेकिन हम बहुत गतिहीन

जीवन-शैली का पालन करते हैं। व्यायाम तो छोड़िए, हम अपने शरीर के कई अंगों को दिन भर में एक बार हिलाते भी नहीं। इस प्रकार हम मेद जमा करते रहते हैं और हमारी उम्र बढ़ने के साथ हमारे पेट का आकार भी बढ़ता रहता है।

हमें आकार में रहने की आवश्यकता सिर्फ आकर्षक दिखने के लिए नहीं, बल्कि स्वस्थ रहने के लिए भी होती है। जब आपका वजन अनुचित रूप से बढ़ जाता है, तो मेद सिर्फ बाहरी शरीर पर नहीं, बल्कि आपके अंदरूनी अंगों के आस-पास भी जम जाती है, जिससे वे सामान्य रूप से काम नहीं कर पाते और बीमारियाँ होने लगती हैं।

इससे बचने के लिए हम किसी भी प्रकार का व्यायाम कर सकते हैं—पास के पार्क में सुबह की सैर जैसे आसान काम से लेकर स्वास्थ्य-कल्याण की सबसे प्राचीन तकनीक योग तक।

योग आपके शरीर को सही तरीके से चलाने और सही तरीके से साँस लेने के बारे में है। क्या आपने कभी सोचा है कि आपकी नाक कार्बन डाइऑक्साइड और कफ के अलावा भी कुछ बाहर निकालने में आपकी मदद करती है? आपके शरीर के अधिकांश विषाक्त पदार्थ आपकी साँसों के माध्यम से निष्कासित होते हैं। इसलिए जब आप सही ढंग से साँस नहीं लेते, तो बहुत से विषाक्त पदार्थ आपके शरीर में रह जाते हैं और बीमारियाँ उत्पन्न करते हैं।

आम तौर पर, हम अपने अस्तित्व की सबसे मूल क्रिया—साँस लेना—गलत तरीके से करते हैं—छोटी-छोटी साँसें लेने के द्वारा। कितनी बार हम एक दिन में कम-से-कम कुछ लंबी साँसें लेते हैं? योग आपको प्रतिदिन शरीर को सही तरीके से चलाने और सही ढंग से साँस लेने में मदद करेगा।

अब, इन सबके बाद आप स्वास्थ्य के महत्त्व के बारे में सहमत हो सकते हैं; लेकिन फिर भी, आपके पास खुद को स्वस्थ और चुस्त रखने के लिए समय न मिल पाने का बहाना होगा। जब भी आपको लगे कि आप व्यायाम के लिए समय नहीं निकाल पाएँगे, विचार करें कि अनिल अंबानी, जो भारत के सबसे अमीर लोगों में से एक हैं और करोड़ों डॉलर के कॉरपोरेट साम्राज्य के मालिक हैं, सुबह 4 बजे उठ कर व्यायाम के लिए समय निकालते हैं और 15 कि.मी. दौड़ते हैं। 24 घंटे में से 1 घंटा दिन भर का सिर्फ उनका होता है। इसलिए आप भी निश्चित रूप से अपनी दिनचर्या में से कुछ समय अपने स्वास्थ्य की देखभाल के लिए निकाल सकते हैं, क्योंकि ये आपके हित में होगा।

'हमारे पास हर काम करने के लिए पर्याप्त समय कभी नहीं होता; लेकिन सबसे महत्त्वपूर्ण काम करने के लिए हमेशा पर्याप्त समय होता है।'

—ब्रायन ट्रेसी

□

19

जीवन : पालने से श्मशान तक की आपकी यात्रा

गेम खेलते समय आप जिन चुनौतियों का सामना करते हैं वे आपके अंदर जीवन में जीत की भावना पैदा करते हैं।

यदि आपने यहाँ तक पुस्तक पढ़ ली है, तो शायद आप जान गए होंगे कि जीवन असंख्य रंगों का एक स्पेक्ट्रम है। ये सिर्फ दिल टूटने और सबक लेने या गलतियों और उद्देश्यों के बारे में नहीं है। ये एक नदी की तरह निरंतर चलता रहता है और कभी भी झील की तरह स्थिर

नहीं होता। ये आनंद लेने, प्रवाह के साथ चलने और सवारी को एक खुशी बनाने के बारे में भी है। जीवन प्रत्येक स्तर पर हमें एक सबक सिखाता है। और आपको उसे देखने और समझने के लिए सिर्फ एक सही कोण की आवश्यकता होती है।

हमें हमेशा कुछ नया क्यों सीखते रहना चाहिए?

जीवन का असली रस आनंद और ज्ञान के संयोजन में है। इसलिए—

- कोई संगीत का वाद्ययंत्र बजाना सीखें।
- योग कक्षाओं में शामिल हों।
- कोई नया खेल सीखें।
- नृत्य सीखें।
- कोई नई भाषा सीखें।

जब आप कुछ नया सीखते हैं, तो—

1. आपके आत्मविश्वास का स्तर बढ़ता है।
2. आपको पता चलता है कि आप आश्चर्यजनक रूप से अच्छे हैं, चाहे आपका बॉस या आपकी पत्नी/पति कुछ भी सोचते हों।
3. आपकी खुद के प्रति और जीवन के प्रति सोच में सुधार आता है।
4. आपके संबंधों पर प्रभाव पड़ता है; क्योंकि जब आप अंदर से खुश होते हैं, तो आप स्वाभाविक रूप से अपने आस-पास के लोगों से खुशी साझा करते हैं।

जब आप पेंटिंग या गायन की तरह कुछ नया या रचनात्मक करते हैं, कोई प्रतिस्पर्धात्मक खेल खेलते हैं, खुद को प्रार्थना में डुबो देते हैं, अपने आस-पास आकर्षक चीजें जमा करते हैं और सुखद प्रेमालाप में लिप्त होते हैं, तो आपका शरीर एंडॉर्फिन नाम का खुशी का हारमोन

स्रावित करता है। एंडॉर्फिन प्राकृतिक दर्द-निवारक होता है और आपको खुशी, आनंद एवं संतुष्टि की भावना देने के लिए जिम्मेदार होता है।

इसलिए, अपनी पसंद की किसी भी उत्तेजक गतिविधि का चुनाव करें और अपनी दिनचर्या में से प्रतिदिन कुछ समय निकालकर अपने शरीर को एंडॉर्फिन रिहा करने दें, ताकि आप खुश और स्वस्थ रह सकें। जितना अधिक आप अपनी पसंद की गतिविधियों में शामिल होंगे, उतना ही अधिक आपका मस्तिष्क काम करेगा और बेहतर विकास करेगा। ऐसी गतिविधियों के प्रदर्शन से आपकी एकाग्रता, रचनात्मकता और ध्यान में भी वृद्धि होगी।

सीखने के कुछ रूप पचाने में आसान होते हैं, लेकिन अकसर उनमें तत्त्वों की कमी होती है। मैं जिन ब्लॉग्स की सदस्यता लेती हूँ, उनके लिए अपने फीड रीडर की नियमित सफाई करने का मैंने नियम बना रखा है। शानदार ब्लॉग्स नए विचारों का शक्तिशाली स्रोत हो सकते हैं। लेकिन हर कुछ महीनों बाद मुझे महसूस होता है कि मैं ऐसे ब्लॉग्स से पोस्ट एकत्रित कर रही हूँ, जिन पर मैं सिर्फ एक सरसरी निगाह डालती हूँ। हर कुछ महीनों में समय बचाने के लिए और जो महत्त्वपूर्ण है, उस पर ध्यान केंद्रित करने के लिए अपने इनपुट (अंदर की भावनाओं) को शुद्ध करें।

सीखने के बारे में सबसे अच्छी बात है—अपने साथ हमेशा एक पुस्तक रखना। इससे कोई फर्क नहीं पड़ता कि आपको वह पुस्तक पढ़ने में एक साल लगता है या एक सप्ताह। हमेशा अपने साथ वह पुस्तक लेकर चलने का प्रयास करें, जो आप पढ़ रहे हैं, ताकि आपको जब समय मिले आप उसे पढ़ सकें। मैं अपनी दिन भर की गतिविधियों के बीच कुछ पल बचाकर एक सप्ताह में एक पुस्तक पढ़ लेती हूँ। इस प्रकार प्रति वर्ष में कम-से-कम 50 पुस्तकें पढ़ लेती हूँ।

उन लोगों के साथ अधिक समय बिताना शुरू करें, जो विचारक हैं और सिर्फ वे नहीं जो चतुराई दिखाते हैं; ऐसे लोग, जो वास्तव में अपना अधिकांश समय नई चीजें सीखने में निवेश करते हैं। उनकी आदतें आप पर असर करेंगी। इससे भी बेहतर, वे शायद अपनी थोड़ी-बहुत जानकारी आपके साथ साझा भी कर लेंगे।

'खेल शोध का उच्चतम रूप है।'

—अल्बर्ट आइंस्टाइन

□

20

चिंता करने की आदत को अपने जीवन से बाहर निकाल दें

चिंता करने की आदत को
जीवन से बाहर निकाल दें...

आम तौर पर हम इस बात की चिंता करते हैं कि हमारे जीवन में आगे क्या होगा ? लेकिन चाहे आप उसे देख सकें या नहीं, एक उच्च ऊर्जा है, जो आपका ध्यान रखती है। आप उसे एक मसीहा कह

सकते हैं, एक गुरु, भगवान् या सिर्फ ब्रह्मांड। चाहे आप उसमें विश्वास न भी करें, वह अपना काम करता रहता है। जब भी आपको आवश्यकता होती है, वह मदद करने के लिए मौजूद रहता है।

इसका मतलब ये नहीं है कि एक उच्च ऊर्जा आपको हर प्रकार की विलासिता और प्यार ऊपलब्ध करा देगी, जबकि आप आराम से बैठे रहेंगे।

चिंता करने की आदत को अपने जीवन से निकालने का एकमात्र तरीका है—किसी चीज में रचनात्मक रूप से शामिल होना।

इसलिए शुरू हो जाएँ और अपना सर्वश्रेष्ठ कौशल दुनिया के सामने लाने में व्यस्त हो जाएँ, और अपनी उपस्थिति से इस दुनिया में परिवर्तन लाएँ। उपयोगी बनें।

उदाहरण के लिए, यदि आप एक बहुत अच्छी नर्तकी हैं और नृत्य से प्यार करती हैं, तो नृत्य के क्षेत्र की गहराई से खोज करें। लोगों को नृत्य सिखाएँ। उसको अपने अंशकालिक पेशे के रूप में अपनाएँ और खुद को एक अतिरिक्त मील आगे धक्का दें। कुछ अतिरिक्त घंटे काम करें। यदि आप अपने भीतरी कौशल बाहर लाने में व्यस्त हो जाएँगे, तो चिंता करने या दुःखी होने के लिए समय ही कहाँ बचेगा? और इस बात की चिंता न करें कि अपने शौक पूरे करते हुए आप आजीविका कैसे कमा पाएँगे।

'कोई दूसरा वास्तव में उसी चीज की तलाश कर रहा है, जो आप दे सकते हैं।'

—लुइस एल. हे

चिंता करना छोड़ने और बड़ी उपलब्धियाँ प्राप्त करने की प्रवृत्ति

उत्पन्न करने का सर्वोत्तम तरीका है निम्नलिखित चरणों का पालन करना—

1. हर एक दिन की शुरुआत सकारात्मक नोट पर करें। 15 मिनट का समय निकालकर कोई सकारात्मक प्रेरक संदेश सुनें या पढ़ें। कुछ प्रेरक किताबों, प्रशिक्षण सत्रों या प्रतिदिन प्रेरणादायक कहानियाँ या उद्धरण देनेवाले ब्लॉग या सोशल मीडिया पेज में निवेश करें।
2. नकारात्मक खबरों से परहेज करें। समाचार-पत्र, पत्रिकाएँ और कई टेलीविजन कार्यक्रम बुरी खबरों और सनसनीखेज सुर्खियों पर ध्यान केंद्रित करते हैं। जो जानकारियाँ आप प्रतिदिन अवशोषित करते हैं, उनके बारे में चयनात्मक रहें।
3. 30 दिनों के लिए गपशप करने से बचें। जब आपके आस-पास के लोग गप्पें मारें या नकारात्मक हो जाएँ, तो विषय बदल दें या वहाँ से चले जाएँ। यदि आपके पास कहने के लिए कोई अच्छी बात नहीं है, तो कुछ न बोलें।
4. सकारात्मक घटनाओं की एक डायरी रखें। आज आपने क्या अच्छा किया? आज आपने क्या हासिल किया? आपको जो प्रशंसा मिली हो, वह लिखें। कोई भी चीज शामिल करने के लिए छोटी या तुच्छ नहीं है। सप्ताह के अंत में अपनी प्रेरणा को बढ़ावा देने के लिए डायरी की समीक्षा करें।
5. जिन लोगों से भी आप मिलें, उनमें अच्छाई ढूँढ़ें। प्रतिदिन कम-से-कम तीन लोगों को बधाई देने का प्रयास करें, और अनुत्पादक आलोचना न करें। दूसरों की अच्छाई पर ध्यान देने से आपको खुद में अच्छाई ढूँढ़ने में भी मदद मिलेगी।

यदि आप एक सुपर अचीवर की तरह सफल होना चाहते हैं, तो उसी तरह सोचना और काम करना शुरू कर दें। कई सुपर अचीवर हमेशा से सकारात्मक सोचवाले नहीं रहे हैं; लेकिन वे दृष्टिकोण का महत्त्व समझते हैं और अपने विचारों तथा अपने भविष्य का नियंत्रण अपने हाथों में रखने का सचेत प्रयास करते हैं। उनके पदचिह्नों पर चलने के लिए, एक लक्ष्य निर्धारित करें और उसे हासिल करने के प्रति अपने आपको समर्पित कर दें। हो सकता है आपको खुद में सुपर अचीवर की उस क्षमता का एहसास हो जाए, जो आपको नहीं पता था कि आपके पास है।

□

21

अपना बोझ कुछ कम करें

लगभग हर दिन हम ऐसी स्थितियों से गुजरते हैं, जो तनाव, चिंता, परेशानी या दुःख का कारण बनती हैं। हमें अकसर अपने

कार्यस्थल, घर या संबंधों में समस्याओं, संघर्षों, माँगों या आपात स्थितियों का सामना करना पड़ता है। कभी-कभी उनकी वजह से भावनात्मक और शारीरिक तनाव या समस्याएँ उत्पन्न हो जाती हैं। ऐसी ही परिस्थितियों में, आंतरिक शांति की स्थिति एक महान् वरदान की तरह होती है।

परिवार के मुखिया के रूप में, आप अपने काम, सामाजिक जिम्मेदारियों एवं अन्य कई चीजों में व्यस्त रहते हैं और आपके पास अपने प्रियजनों के लिए समय नहीं बचता है। इस वजह से आपके बच्चे काफी अकेलेपन और उपेक्षा का सामना करते हुए बड़े होते हैं और उन्हें प्यार, देखभाल एवं सकारात्मकता की कमी महसूस होती है। इसलिए वे परिवार के बाहर प्यार और देखभाल की तलाश करते हैं और बड़े होने पर समस्याओं के बोझ से दबे होते हैं।

इसलिए अपनी प्राथमिकताओं के बीच संतुलन बनाए रखिए; आपके समय और ध्यान पर आपके प्रियजनों का भी अधिकार है।

मानसिक शांति की स्थिति जीवन को आसान, ज्यादा खुश एवं ज्यादा संतोषजनक बना देती है, और आपको हर परिस्थिति का सामना प्रभावी तरीके से करने की क्षमता प्रदान करती है। आप हमेशा अपनी बाहरी स्थितियाँ नहीं बदल सकते; लेकिन जब आप अपने मन में शांति ले आएँगे, तो आपके कार्य और आपकी प्रतिक्रियाएँ अलग ढंग की होंगी, और इससे आपकी भीतरी और बाहरी दुनिया में बदलाव आ जाएगा।

'मानसिक शांति के लिए ब्रह्मांड के जनरल मैनेजर का पद छोड़ दें।'

—लैरी आइसेंबर्ग

अपना शत-प्रतिशत देने, सफल होने और मानसिक शांति बनाए रखने के लिए मैं आपको कुछ प्रमुख उपाय बता सकती हूँ—

हो सकता है आपको पहले प्रयास में सफलता न मिले; लेकिन यदि आप इन सुझावों पर ईमानदारी से अमल करते रहेंगे, तो धीरे-धीरे आप मानसिक शांति का अनुभव करने लगेंगे। ये शांति सिर्फ आपके अंदर नहीं रहेगी; बल्कि बाहर निकलकर आपके पूरे वातावरण को प्रभावित करेगी।

1. यदि वे लोग, जिनसे आप मिलते हैं तेज आवाज में बात करते हैं, असभ्य व तनावपूर्ण हैं, तो शायद आपका व्यवहार और आपकी प्रतिक्रिया भी उसी प्रकार की होगी, और इस तरह तनाव का स्तर बढ़ जाएगा। दूसरी ओर, यदि आप शांत रहेंगे, और आपकी बातचीत, गतिविधियाँ एवं प्रतिक्रिया शांतिपूर्ण रहेंगी, तो लोग अनजाने में आपके व्यवहार का अनुकरण करने लगेंगे। आप एक नेतृत्व शक्ति बन जाएँगे, चाहे कार्यस्थल पर आपका पद कुछ भी हो।
2. प्रतिदिन जब आप अपने कार्यस्थल में प्रवेश करें, तो भावना, विश्वास और ध्यान के साथ ये अफर्मेशन कई बार दोहराएँ—'मेरे मन में पूरे दिन शांति रहती है। मैं अपने चारों ओर शांति प्रसार करता हूँ। मैं शांति, नम्रता और मुसकराहट के साथ बात करता हूँ। मैं हर काम शांतिपूर्ण ढंग से करना चाहता हूँ।'
3. कार्यस्थल पर मिलनेवाले लोगों का अभिवादन करें।
4. जब भी आपको अपने अंदर तनाव या क्रोध बढ़ता महसूस हो, कुछ बोलने या करने से पहले तीन धीमी, गहरी साँसें लें।
5. उन शब्दों पर ध्यान दें, जिन्हें आप सोचते, कहते या लिखते हैं। सिर्फ सकारात्मक शब्दों का प्रयोग करें।
6. विनम्र बनें।
7. जब भी आपको लगे कि आपकी आवाज ऊँची हो रही है,

फौरन उसे नीची कर लें।

8. मध्यम स्वर में बात करें, न बहुत जोर से और न बहुत धीरे। अन्य लोगों की आवाजों की तेजी का प्रभाव अपनी आवाज पर न पड़ने दें।
9. अपनी दिनचर्या के बीच में कई बार एक शांत स्थान खोजकर कुछ पल सुकून से बैठें। वह स्थान आपका डेस्क हो सकता है, और यदि वहाँ पर्याप्त शांति नहीं है, तो आपका बाथरूम, कोई खाली कमरा या कोई अन्य शांत जगह हो सकती है। कुछ क्षणों के लिए एक खूबसूरत स्थल की कल्पना करें जो आपको पसंद हो या किसी घटना की, जिसने आपको खुशी दी हो। महसूस करें कि आप वहाँ है और अपने अंदर उत्पन्न होनेवाली भावनाओं का आनंद लें।
10. काम करते समय जो कर रहे हैं, उस पर ध्यान केंद्रित करें। उसे अपना पूरा ध्यान दें। इससे आपका दिमाग परेशान करनेवाले विचारों से दूर रहेगा।
11. अपना समय और ऊर्जा लोगों के इरादों और व्यवहार का विश्लेषण करने में बरबाद न करें, बल्कि अपने कार्यों को बेहतर बनाने का प्रयास करें।
12. किसी ऐसे व्यक्ति से बात करने से पहले जिसे आप नापसंद करते हैं या जिससे आप डरते हैं, कुछ गहरी साँसें लें और कल्पना करें कि आप दोनों शांति वह सौहार्द के साथ बातचीत कर रहे हैं।

बस, प्रणाली का अनुसरण करते रहें।

□

22

अपने दिल का अनुसरण करें

क्या आप उतने प्यार से संतुष्ट हैं, जितना आपको जीवन में मिला है या आप और प्यार के लिया तरस रहे हैं ? आइए खुलकर

बात करें। हममें से अधिकांश को लगता है कि हमें कभी उतना प्यार नहीं मिला जितना मिलना चाहिए। हर दूसरे दिल में प्यार की भूख है और हम प्यार व परवाह के लिए कहाँ-कहाँ भटकते हैं।

'दुनिया में प्यार के लिए भयानक भूख है।'

—मदर टेरेसा

ये है अधिक प्यार पाने के लिए एक त्वरित नुस्खा—

बस, अपना प्यार बाँटें, क्योंकि बाँटने से चीज हमेशा गुणा होती है। किसी ऐसी चीज को चुनें, जिसे आप अपने पूरे दिल से प्यार करते हों वह आपका काम हो सकता है, कोई व्यक्ति, पालतू पशु या पक्षी या कोई सड़क का कुत्ता। किसी ऐसी चीज को खोजें, जिस पर आप अपने पूरे दिल से प्यार न्योछावर कर सकते हों। हम सब जानते हैं कि जो हम देते हैं, वही जीवन में वापस पाते हैं। यदि आपको प्यार चाहिए, तो अपने आस-पास के सभी लोगों को अधिक-से-अधिक प्यार देना शुरू कर दें, और फिर अचानक कुछ दिनों बाद आप पाएँगे कि संपूर्ण ब्रह्मांड आपका साथ दे रहा है और आपको प्रचुर मात्रा में प्यार मिलने लगेगा।

मैं आपके साथ जीवन में प्रचुरता प्राप्त करने का एक और नुस्खा साझा करता हूँ—हमेशा याद रखें कि अफर्मेशन हमारे समग्र विकास में एक महत्त्वपूर्ण भूमिका निभाता है। इसलिए मैं अब आपको एक त्वरित अफर्मेशन दे रहा हूँ—'मेरे जीवन के इस दिन मैं अपनी हर साँस के साथ विचारों, शब्दों और कार्यों में प्रचुरता व्यक्त करूँगा। प्रचुरता मेरी होगी।'

उपर्युक्त अफर्मेशन को अपने दैनिक जीवन में जितनी बार संभव हो दोहराएँ और आप जल्दी ही अपने जीवन में बड़ा बदलाव देखेंगे।

बस अपने दिल का अनुसरण करना याद रखें, लेकिन पहले कुछ दिन शांत रहें। प्रश्न पूछें और फिर उत्तर को महसूस करें। अपने दिल पर भरोसा करना सीखें। सबसे महत्त्वपूर्ण ये जान लेना है कि आपका मस्तिष्क और आपका दिल दो बिल्कुल अलग चीजें हैं। अकसर हम दोनों को मिला देते हैं और अपने दैनिक जीवन में अधिक-से-अधिक उलझनें पैदा कर लेते हैं। आपका दिल हमेशा जीवन की सही दिशा की ओर आपका मार्गदर्शन करता है। अंतर्ज्ञान को अकसर अंदर से महसूस करना कहा जाता है। हालाँकि इस दिव्य आवाज को प्राप्त करने के कई और तरीके हैं। ये आपके पास भावनाओं, शब्दों, शारीरिक अनुभूतियों, छवियों, क्षणिक प्रभावों या सपनों के माध्यम से आ सकती है। इस बात पर ध्यान देना सीखें कि आप इन आवाजों को कैसे प्राप्त करते हैं और अपने भीतरी सहज सफलता कोच के साथ इसकी जाँच करें।

'विश्वास हर चीज को संभव बनाता है। प्यार हर चीज को आसान बनाता है।'

—मूडी, ड्वाइट एल.

□

23

जब तक आप खुद जीवित हैं, रोमांस को जीवित रखें

जब तक आप जिंदा हैं, रोमांस को भी जिंदा रखें।

अपनी व्यस्त दिनचर्या के बीच, आप रोमांस को आखिर कैसे जिंदा रख सकते हैं ? इस बात से फर्क नहीं पड़ता कि आप अपने साथी के साथ कितना समय बिताते हैं; बल्कि कैसा समय बिताते हैं, इससे

फर्क पड़ता है। आम तौर पर, जब आप अपने साथी से मिलते हैं, तब भी आपका दिमाग निरंतर आपके ऑफिस में रहता है और लाभ-हानि की गणना करता रहता है। एक ही समय पर आप भावनात्मक और मानसिक रूप से कई स्थानों के बीच बँटे रहते हैं। लेकिन ऐसे संबंधों में परिपूर्णता कहाँ होती है?

यह उचित नहीं है कि आप दिन भर में कुछ पल, विशेष रूप से उस व्यक्ति के लिए, समर्पित करने के लिए तैयार नहीं हैं, जिसके साथ आपने पूरा जीवन बिताने का निर्णय लिया है।

ये कुछ तरीके हैं, जिनसे आप अपने प्यार की ऊर्जा को निरंतर प्रवाहित रख सकते हैं—

- बात करते समय आँखों का संपर्क बनाए रखें।
- पाँच मिनट के लिए ही सही, लेकिन दिलचस्पी के साथ अपने साथी की बात सुनें; इससे निश्चित रूप से फर्क पड़ता है।
- शारीरिक रूप से साथ रहने के अलावा, मानसिक रूप से भी वहाँ उपस्थित रहें।

'जहाँ प्रेम है, वहीं जीवन है।'

—महात्मा गांधी

मेरे एक कॉरपोरेट सेमिनार में 300 लोग थे। मैंने एक समूह गतिविधि आयोजित की, जिसमें हमने सबको गुब्बारे वितरित किए। मैंने उनसे मार्कर पेन का प्रयोग करके गुब्बारों पर उनके नाम लिखने के लिए कहा। फिर सब गुब्बारों को एकत्रित करके दूसरे कमरे में रख दिया गया। प्रतिभागियों को उस कमरे में बुलाकर 5 मिनट की समय सीमा के अंदर उनके नामवाले गुब्बारे ढूँढ़ने के लिए कहा गया। सबने

अपने नामवाले गुब्बारे ढूँढ़ने शुरू कर दिए। समय कम था इसलिए वहाँ धक्का-मुक्की शुरू हो गई, लोग एक-दूसरे से टकराने लगे और कमरे में अराजकता फैल गई। 5 मिनट समाप्त होने तक कोई अपने नामवाला गुब्बारा नहीं ढूँढ़ पाया था। फिर मैंने प्रत्येक व्यक्ति से कहा कि वे कोई भी गुब्बारा उठा ले और जिसका नाम लिखा हो, उसे दे दे। दो मिनट के अंदर सबके हाथ में उनके नामवाले गुब्बारे थे।

हमारे जीवन में ऐसा नियमित रूप से होता है। हर कोई प्यार व खुशी चाहता है और उसे खोजने के लिए कड़ी मेहनत कर रहा है। लेकिन सच्चाई ये है कि जब आप अपने आस-पास के लोगों को प्यार और खुशी देंगे तो आपको भी बदले में वही प्राप्त होगा।

'प्रत्येक दिन अपने स्वयं के उपहार लेकर आता है। आपको बस, रिबन खोलने हैं।'

—रुथ एन श्चबेकर

□

24

सिर्फ मजे करने के लिए भी समय निकालें

मस्ती करना 'जीवन का अंग' नहीं है। मस्ती करना ही जीवन है!!

जीवन मजे लेने की चीज माना जाता है। क्या आप भी कुछ कुछ जानते नहीं हैं कि जीवन मजे लेने के लिए होता है? क्या आपके भीतर का एक हिस्सा ये नहीं कहता कि 'हाँ, मैं जानता हूँ, ये सच है'। ये मेरे अस्तित्व के मूल के साथ प्रतिध्वनित होता है।' जब आप जान लेते हैं कि जीवन दुःसाहसिक रूप से मजेदार हो सकता है

और आप दु:साहसपूर्वक खुश हो सकते हैं, तो आप इन विरोधाभासी मान्यताओं को नष्ट करने लगते हैं, जो इस कीमती जानकारी को छुपाती रही हैं। शायद आपको एक बच्चे के रूप में ये जानकारी होना याद हो, इससे पहले कि लोगों ने आपको आश्वस्त कर दिया कि जीवन कठिन और कुछ ज्यादा ही गंभीर होता है। आप सही थे और अब समय है उसे जीने का, जो आपको सही लगता है। जीवन बुलबुला है। जीवन चमक-दमक है। जीवन चाँदनी है।

अच्छा महसूस करें, मस्ती करें, यात्रा का आनंद उठाएँ। जो सबसे अच्छी बात आप अपने लिए कर सकते हैं और उनके लिए भी जिनकी आप परवाह करते हैं; बल्कि, जो सबसे अच्छी बात आप हमारी दुनिया के लिए कर सकते हैं, वह है अच्छा महसूस करने को, मजे करने को और अपनी यात्रा का आनंद उठाने को अपनी पहली प्राथमिकता बनाना। जब आप अपने सुख का पालन करते हैं, तो आप अपने सच्चे स्वरूप में आ जाते हैं, अपना स्वयं का जीवन जीते हैं, और जीवन की सच्ची खुशी का आनंद लेते हैं। निम्नलिखित चीजें करने का प्रयास करें, ये निश्चित रूप से आपका स्पंदन बढ़ा देंगी—

खुद को सपने देखने दें।

खुद को उड़ान भरने दें।

विस्मित महसूस करने की शुद्ध खुशी के लिए खुद को विस्मित करें।

मस्ती करें।

हलके-फुलके और चंचल रहें।

जीवन जिएँ, प्यार करें, खिलखिलाएँ और खुश रहें।

खुशी की तलाश करें।

अपने आपको प्यार करें और अपनी सराहना करें।

दूसरों को प्यार करें और उनकी सराहना करें।
अपने चमत्कारिक व शानदार जीवन की सराहना करें।
अपने शानदार शरीर की सराहना करें।
कल्याण की भावना में साँस लें।
प्रत्येक पल को जीने की शुद्ध खुशी से दमकता देखें।
प्रचुरता और समृद्धि के असीम स्तरों का आनंद लें।
दिव्य स्वास्थ्य का आनंद लें।
बुद्धिमान और अद्‌भुत मित्रों को आकर्षित करें, जिनके साथ आप खेल सकें, बढ़ सकें और मस्ती कर सकें।
इस बात को जानने के सुकून का आनंद लें कि आप गलत नहीं हो सकते।

निश्चिंत हो जाएँ और जान लें कि वास्तव में सबकुछ ठीक है।

अपने शानदार जीवन का पूरा आनंद लेने के लिए—

1. महसूस करें कि आप ब्रह्मांड के स्वामी हैं, जो अपने विचारों को निर्देशित कर रहा है और अपने जीवन की रचना कर रहा है।
2. स्वीकार करें कि आप प्रत्येक क्षण को आनंदपूर्ण बनाने का चुनाव कर सकते हैं।
3. इस बात के प्रति निश्चित रहें कि आप पूर्ण रूप से और सदा के लिए अद्‌भुत हैं और सभी अच्छी चीजों के योग्य हैं।
4. ब्रह्मांड की सूची से आप जो भी पाना चाहते हैं, उसका आदेश करने और उसे प्राप्त करने की अपनी क्षमता में गहरी आस्था लेकर आएँ।

इस बात को हमेशा याद रखें—

'खुश रहने का चुनाव करें।'

□□□